CONTRE BIYA
Procès d'un Tyran

Patrice Nganang

Tribunalarticle53

Bibliografische Information der Deutschen Bibliothek
Die Deutsche Bibliothek verzeichnet diese Publikation in der Deutschen Nationalbibliografie; detaillierte bibliografische Daten sind im Internet über http://dnb.ddb.de abrufbar.

Patrice Nganang: Contre Biya - Procès d'un Tyran
1. Auflage, Juli 2011
ISBN 978-3-942885-07-2

Postfach 27 46
D-48014 Münster
Telefon: 0251 - 149 12 56
info@edition-assemblage.de | www.edition-assemblage.de

Umschlag: bi
Umschlagsfotografie: © Patient Ebwele
Satz: bi
Druck: leibi.de, Neu-Ulm

Sommaire

Introduction

Si le titre de ce livre est emprunté à Marcel Proust, c'est pour repersonnaliser *la tâche critique que l'écrivain français aura en premier voulu dépersonnaliser dans son entreprise qu'on sait. Chaque jour nous Camerounais devons attacher encore plus de prix à l'intelligence critique, car elle seule porte notre salut. La critique c'est dans le fond l'application du jugement, de la raison donc,* à *des* œuvres. *Mais elle ne peut pas se séparer de la personne dont les mains parcourent la manufacture de celles-ci, encore moins lorsque cette personne est publique. Cette* décision *devient impérative en dictature, surtout pour ce qui concerne celle ignominieuse et criminelle qui étrangle le Cameroun depuis le 6 novembre 1982 et qui de 'renouveau' jadis, sans honte s'appelle aujourd'hui 'grandes ambitions'. C'est que Paul Barthélémy Biya'a bi Mvondo aura toujours essayé de se séparer de son* œuvre *de destruction systématique du Cameroun, de la guerre sournoise qu'il mène au peuple camerounais, et ses critiques qui l'y auront aidé de plusieurs façons, seront d'une certaine manière eux aussi, presque tous tombés dans son piège. 'Il est bon', disait-on jadis, 'c'est son entourage qui est pourri.' Quelle erreur!*

Dépersonnaliser et ainsi déresponsabiliser ceux qui sont au pouvoir: telle est la stratégie de ce régime. Pour le combattre, il est donc impératif de personnaliser et de responsabiliser ses dirigeants; de *nommer les vrais noms et de rendre ceux qui les portent responsables, ce* à partir du sommet. *Dans son texte que cite Proust, Sainte-Beuve nomme Stendhal par son vrai nom: Beyle. La première particularité de Paul Biya est qu'il dirige le Cameroun sous un pseudonyme. Cela est important* à mentionner *si l'on veut saisir la chaine d'irresponsabilité qui de sa personne libérée de ses* œuvres, *se sera saisie de toutes les strates sociales du pays, de ses ministres aux enseignants, des médecins aux hommes d'affaires, des pasteurs aux taximen, des étudiants aux époux. La seconde est qu'il aura de son mieux toujours gouverné en utilisant le pastiche: ainsi il n'est pas jusqu'aux chansons d'éloge qui accompagnaient son prédécesseur qui n'aient été reprises sous lui et pastichées: 'Ahidjo, Ahidjo, notre président!' devient ainsi: 'Paul Biya, Paul Biya, notre président!' Même les phrases les plus connues de Biya, tel 'le Cameroun c'est le Cameroun', 'Je vous ai compris', ne sont pas de lui. Si la première est de Sadou Hayatou, la seconde est de de Gaulle. Et quand ce n'était pas le cas, il a tout fait, lui, pour ne jamais apposer sa signature sur des* œuvres *précises: pas de rue ou de boulevard qui porte son nom, pas de grand chantier non plus dont il porte la paternité. Pas d'auteur et pas d'*œuvre *en quelque sorte. Bienvenue dans la dictature postmoderne!*

D*oit-on se féliciter par conséquent qu'il n'y ait pas de culte de la personnalité au Cameroun? Que faux! Des chansons aux phrases et aux idées, le pastiche est devenu la modalité de gouvernement dont l'effet est moins de rendre humble Paul Biya le président que de* déresponsabiliser *l'individu Paul Barthelemy Biya'a bi Mvondo devant ses actes, le peuple et l'histoire: le comice agro-pastoral, les motions de soutien, la clochardisation d'un peuple si riche, la transformation de l'intellect en valet sinon en traitre, et l'asphyxie totale de toute opposition, si ce n'est sa prise en otage, son assassinat pur et simple, la rançon insidieuse d'un peuple. Il n'y a donc de système Biya que dans l'ombre perfide, et le biyaisme dont parlent certains n'est qu'une ruse. Pour le futur, il ne faut cependant pas s'y laisser prendre, et l'intelligence critique peut bien* être *optimiste. Après tout, le fondement de l'entreprise critique est autant l'usage du jugement descriptif et analytique que la fondation de ceux-ci* à *la racine des choses*: la recherche *donc de la cause.*

De ce point de vue, creuser les raisons de ces dernières années de la vie été camerounaise ne peut échapper à *la recherche des sources profondes du malheur qu'elles auront en réalité pour notre peuple. Or ces raisons ne peuvent pas être 'le système' seulement, ni le peuple camerounais lui-même qui ici est la victime, et qui, disent les apologistes du dictateur, vote pour et donc accepte sinon du moins mérite ce qui lui arrive, ou qui selon certains intellectuels camerounais critiques très en vue, 's'ensauvage', a peur de risquer sa vie, bref, pactise avec le tyran, et ainsi est donc lui-même la raison de son malheur. Quel défaitisme, quel pessimisme, quel cynisme, oui, quelle cécité doublée de l'injure, mais surtout quelle esquive critique, quand au contraire, les manifestations du désastre camerounais de strate en strate renvoient toutes* évidemment à *leur cause profonde et tapie dans son nid de chique ainsi intelligemment protégée: Paul Biya qui est encore la plus haute autorité de ce pays, et qui donc en premier et avant quiconque devrait répondre de ses actes.*

Ce livre s'inscrit en faux par rapport au proustisme tropicalisé de la critique camerounaise qui veut encore séparer l'homme de l'œuvre *et ainsi sert les intérêts de l'homme Biya qu'elle déculpabilise. Il ne peut y avoir de critique sérieuse qui se limite aux manifestations seules – fussent-elles cocasses, vulgaires, nihilistes, scandaleuses ou criminelles. C'est que la critique est basée sur le jugement qui lui, est une activité de raison – de recherche de la raison profonde des choses. Pour la dictature de Paul Biya, il ne peut donc ainsi y avoir d'activité critique qui se limite à l'indignation et à la dénonciation. Au contraire, la volonté manifeste depuis avril 1984, d'accuser toute autre personne que Biya lui-même (et les 'Ahidjoistes' en ont payé le prix en premier, eux qui par centaines furent assassinés dans le noir), la volonté de toujours 'dépersonnaliser le débat', de jeter aux géhennes les collaborateurs de Biya, aura montré le visage de la déroute de l'intelligence qu'elle est, le jour où Paul Biya lui-même se mit* à *s'indigner, à dénoncer 'l'inertie' du 'système', et un à un* à *jeter en prison ses propres ministres et collaborateurs les plus proches au nom de l'opération épervier.*

Le clou révélateur cependant aura été lorsqu'enfin, en avril 2008 il aura signé l'article 53 de la Constitution qui le couvre d'immunité totale jusque dans le futur pour les crimes qu'il aura commis durant son mandat. Cet article il l'aura signé cependant après l'aveu par son ministre, d'une centaine de jeunes tués par ses soldats. Allons-nous le laisser s'échapper? Ce serait trop facile! Plus que jamais l'homme aura ainsi essayé de se séparer de son œuvre, *or devant le désastre qu'est devenu le Cameroun au bout de ses trente ans de régime, la seule question qui vaille aujourd'hui est celle que jadis posa celui qui est devenu le chanteur symbole de nos années de braise, Lapiro de Mbanga, qui aura passé lui aussi quatre ans en prison: 'na wo go pay?' Pour ce livre la réponse est simple, très simple d'ailleurs*: c'est d'abord Paul Barthelemy Biya'a bi Mvondo, alias Paul Biya. *Ce livre est ainsi la somme de tribunes écrites pendant dix ans, de 2001 à 2011, et publiées pour la plupart dans des journaux au Cameroun, dont* Le Jour, Mutations, Le Messager, La Nouvelle expression, *ainsi que sur des pages web camerounaises, entre autres* icicemac, camer.be *et* cameroon-info.net. *Il est le prélude au tribunal nécessaire pour le procès de cette infinie ignominie que sont les années Biya, le Tribunal Article 53. C'est qu'en réalité, critiquer ne suffit plus; il faut passer au jugement. S'indigner ne suffit plus; il faut passer à l'acte.*

Contre l'homme

1.

Et si Biya'a ne se teignait plus les cheveux?

Rigolo Biya'a dont les cheveux sont plus noirs que ceux d'Obama qui de trente ans est son cadet! Qu'il nous dise donc la vérité: quels produits utilise-t-il pour les noircir tant? Ce ne peut plus être un gel-crème recolorant, car à 80 ans, le coton de sa tête est devenu de toute façon intraitable à la teinture de surface. Il faut sans doute qu'il aille jusqu'à la racine de chaque cheveu pour le bien teindre. Avec le pactole de 30 ans de règne, il fait certainement fi des 'Just for Men' qui se liquident au marché, c'est clair, et de ces aides-pousse qui renforcent la vanité des cou-pliés en leur faisant repousser la calvitie de granules. Qu'est-ce qui surprendrait de ce type qui a dirigé notre pays sous un pseudonyme, et sans doute sous un âge de Kumba? Car serait-il le seul de sa génération qui au Sud du Cameroun ne soit pas 'né vers 1930'? Qu'il y a-t-il d'autre en lui donc qui ne soit pas faux: son dentier?

Il pourra se maquiller comme il veut, le tyran, il ne pourra jamais changer ceci: l'ignominie a le visage de la putréfaction. Il pourra noircir ses cheveux autant qu'il veut, le despote, il ne pourra jamais effacer cette vérité simple: l'infamie a le visage dégoulinant de laideur. Cela est une loi universelle dont aucun coiffeur ne le sauvera jamais. Pourtant ah, que d'artifices il invente pour cacher son âge dans une culture qui pourtant vénère la vieillesse? La vérité ne saurait cependant nous échapper trop longtemps, car aujourd'hui le président du Cameroun est sans caleçon! *Imperator nudus est.* Oui, chers amis, regardez-le, regardez-le bientôt grabataire, qui envoie ses soldats opprimer un peuple dont la majorité est jeune! Regardez-le, regardez-le qui assassine la jeunesse, lui qui a eu besoin de se taper une petite pour, hyène nous cacher son hideux visage! Et pourtant dites-moi donc, mes amis, dites-moi: quelles huiles ne met-il pas sur son front pour le dérider? Et sa moustache, oui, sa moustache, ne la colore-t-il pas également?

Et puis ô!, regardez-le, oui, regardez le tyrannique vieillard au visage d'emprunt et à la voix de ferraille, regardez le cou-plié qui croit posséder le futur de ce pays nôtre dans son lit, qui croit que chacun de nous, que chaque Camerounais est cette Chantal qu'il malaxe et gnoxe au viagra, et dans sa précipitation écervelée de noceur ainsi oublie cette sagesse simple que n'importe quel jeune lui chuchoterait, lui qui veut signer, non, qui veut caller à Etoudi: mon type quand on ne te veux plus, pars, pars seulement avant qu'on ne te chasse! Oui, nous voulons bien des élections; mais pas de sa candidature à lui.

Elections sans Biya! Tel est notre programme de campagne. Demander à Biya'a de partir n'est pas pour nous une supplication; c'est plutôt un conseil de sagesse. C'est lui faire comprendre que lui donner sept ans de plus par-delà les 30 qu'il aura passées à la tête du Cameroun ne serait pas seulement commettre un crime politique pour notre pays. Sept années de plus aggraveraient son cas à lui. Car il ne lui suffira jamais d'avoir gagné les élections d'octobre 2011 pour se prévaloir de quelque légitimité que ce soit. La centaine de morts de son passé criminel la lui enlève de toutes les façons, et heureux est-il s'il parvenait plus tard à arracher de ce peuple camerounais qui le tolère, la retraite paisible qu'il n'a pas donné à son propre prédécesseur, Ahmadou Ahidjo.

Quitter le pouvoir dignement est une élection qui se gagne ou se perd, mais c'est un choix qui cette fois est aussi aux mains du tyran. Or les exemples sont là pour le renseigner: victorieux à 80,21% des voix aux élections le 25 novembre 2010, Blaise Compaoré ne dort plus que d'un œil devant ce peuple qui se réveille soudain à sa filouterie. Il a dû se faire rapidement ministre de la défense à côté de président pour bien marquer sa main sur cette armée qui aussi veut le chasser. Museveni qui à 74% vient de gagner des élections tout aussi frauduleuses ne peut maintenir son pouvoir qu'au prix d'empêcher à des citoyens dans son pays de taper à pied comme il leur sied. Mais jusqu'à quand? Il ne suffit pas de gagner des élections pour rester au pouvoir. Ben Ali qui avait gagné les élections présidentielles le 25 octobre 2009 seulement, à 89,62% avec une participation de 89,40% dirait ceci: un peuple qui longtemps se tait n'est pas nécessairement consentant.

Alors, Biya'a, arrête donc de jouer les imbéciles. La sagesse politique ne consiste pas à s'imposer au peuple en inventant des subterfuges, ou au bout des fusils du Bir. La sagesse politique consiste à assumer la vérité du temps, ce seul tyran qui te dit: trente ans pour un homme, c'est trop! Ah, le temps: demande donc à Ggagbo qui savait en faire une arme redoutable, demande-lui ce qu'il serait aujourd'hui s'il avait démissionné le 30 mars! Le pouvoir est juteux pour qui l'a encore, mais la rage d'un peuple dépossédé de ses droits pendant plus d'un demi-siècle est une régicide poudrière qui ne pardonnera pas l'imposture, et crois-moi, Biya'a, oui, cois-moi, Biya'a Paul, car tel est ton véritable nom, même la blancheur de tes cheveux ne méritera plus aucun respect quand la colère des Camerounais se réveillera.

(2011)

2.

Biya n'a pas le monopole de l'hymne national du Cameroun

L'hymne national d'un pays, c'est le chant de solidarité de femmes et d'hommes qu'unissent un territoire et une histoire. Le chanter c'est moins l'expression d'un nationalisme, que du choix d'appartenance à ce pays-là. C'est donc un chant de solidarité volontaire. On n'est pas né chantant l'hymne national du pays dans son berceau de nourrisson. On apprend tous à le faire: voilà pourquoi nos enfants le chantent dans la cour de l'école, alors que nombreux d'entre eux ne comprennent pas encore la signification des mots qu'ils disent. On choisit de le faire: voilà pourquoi les Lions indomptables le chantent avant de jouer, bien que nombreux d'entre eux ne vivent plus au Cameroun et sans doute n'ont de Camerounais que leur équipement de foot. Voilà pourquoi lors des marches de ce 23 février 2011, nous devrions chanter l'hymne national de notre pays. Nous devrions le chanter encore plus si les soldats de Paul Biya venaient barrer notre chemin. Nous le chanterions alors encore mieux et avec plus de courage, car le Cameroun c'est nous.

Biya n'a pas le monopole de l'hymne national du Cameroun! Ses sbires non plus. Que l'hymne encercle ses propos n'est qu'un protocole, et tout protocole est une tradition choisie par les habitants du pays, par nous donc. La bataille autour de l'hymne national au Cameroun est longue. Nous savons que nos grands-parents René Jam Afane, Michel Nkomo Nanga, Moïse Nyatte Nko'o, Samuel Minkyo Bamba qui l'ont composé en 1928 à Foulassi, s'ils ne sont pas morts dans la pauvreté, comme le vieux nègre n'ont reçu de Biya qu'une médaille. Nous savons que lors de la rébellion de 1956-1970, ceux des Camerounais qui avaient choisi le maquis avaient fait preuve de beaucoup d'imagination poétique, inventant des hymnes alternatifs qu'ils traduisaient dans les diverses langues de chez nous pour les circonstances de leurs batailles. La chanson 'Liberté!' d'Anne Marie Nzié qui rythma les années de braise a elle aussi une histoire qui pour beaucoup d'entre nous est celle de notre jeunesse. Trop de fois dans les batailles pour le futur de notre pays cependant, l'hymne national camerounais a été laissé aux forces de l'infamie qui d'emblée croient que c'est elles seules qui représentent la république du Cameroun. Cela, nous le savons aussi.

Or, l'hymne national camerounais n'est pas la propriété du locataire du palais d'Etoudi. Le drapeau national n'est pas non plus réservé au défilé du 20 mai et aux parades militaires. Ni l'hymne, ni le drapeau national camerounais ne sont réservés aux tribunes de l'Assemblée nationale, ni d'ailleurs aux cours de bâtiments administratifs; non, ils ne sont pas l'apanage des gouverneurs des provinces, des préfets et des sous-préfets seuls. Ils ne peuvent donc pas être réservés aux gendarmes et soldats que ces derniers enverront intimider les Camerounais unis de leur propre vœu dans la rue dans quelques jours. C'est que toutes les fois où des Camerounais de toutes origines se réunissent de leur propre gré, la république du Cameroun se manifeste. S'il en est ainsi lors des matchs de football, ou dans la cour des écoles primaires de notre pays, il en sera ainsi également lorsqu'à partir de ce 23 février nous viendrons volontairement dans la rue demander à Biya de dégager. En ces occasions l'hymne national camerounais devient moins qu'une chanson de circonstance; il devient l'expression d'une solidarité de choix. Quant au drapeau national, il porte les couleurs de ce choix commun et public d'unité manifestée d'un peuple enfin décidé.

Chers amis: le roi est sans caleçon! La république du Cameroun a cessé d'être représentée au palais d'Etoudi, dans lequel nous dit-on – sans blague! –, un officier de la garde présidentielle s'est suicidé en se tirant de multiples balles dans la tête! Aujourd'hui, c'est dans la rue qu'elle manifestera son visage digne. Vingt-neuf ans d'exclusion systématique de la majorité des populations camerounaises: des moins de trente ans surtout, cette majorité réelle de notre pays qui de toute sa vie n'a connu comme président que Biya; des pauvres, cette majorité fabriquée par un demi-siècle d'injustice d'Etat; vingt-neuf ans de renouveau honteux nous ont montré que pour les grandes ambitions, l'unité n'est et n'a toujours été qu'une farce; le 23 février, redonnons-lui la signification qui est sienne lorsque notre pays gagne. Il est illusoire d'attendre que Biya, à 80 ans, se découvre pour sept ans une nouvelle politique, car son bilan d'assassin est plus bavard que chacun de ses discours. Le 23 février, montrons que le quadruple champion d'Afrique de football ne mérite pas de sombrer dans la dictature pour sept ans encore! Le 23 février n'est donc pas un jour de deuil mais de célébration nationale du réveil du peuple camerounais de son sommeil de vingt-neuf ans. C'est un jour de victoire populaire! Que quiconque n'a pas de drapeau national s'habille en maillot des Lions indomptables! Qui n'a pas de maillot prenne un survêtement ou une banderole aux couleurs nationales, et le porte! Et que chacun racle sa gorge pour en manifestant, encore mieux chanter l'hymne national camerounais. Après tout, ce pays nous appartient à tous, bèbèla!

(2011)

3.

Biya va partir!

Si le président du Cameroun avait des conseillers aussi intelligents qu'ils sont diplômés, ils lui auraient dit ceci: 'Monsieur le président, êtes-vous sourd? Voulez-vous vraiment être candidat à l'élection prochaine? N'entendez-vous pas cette voix qui vous interpelle de Tunis au Caire? Qui vous conseille d'aller en retraite?' Ils lui auraient posé ces questions simples, au lieu de le féliciter pour l'organisation, après combien d'années?, d'un comice agropastoral dans sa région d'origine! Car ils l'auraient mis en garde contre cette idée vieille de trente ans – un comice agropastoral en 2011, qui l'aurait cru! – qui pourrissait dans les archives de la dictature camerounaise, idée dont s'était servi pendant tant d'années Ahmadou Ahidjo pour s'auto-féliciter, avant d'abruptement démissionner du pouvoir, d'être condamné à mort par son poulain Paul Biya, et de mourir en exil comme on sait.

Or au lieu de lui poser cette question, les conseillers de Paul Biya lui diront, et ils l'ont sans doute déjà fait: que le Cameroun n'est pas la Tunisie. Pour preuve, ils prendront la colère camerounaise de mars 2008 qui malgré sa centaine de morts, n'a pas pu se trouver un leader, quand la population du pays couvre sa colère dans le silence de la frustration, ou se drogue dans des églises improvisées. Ils lui diront, les conseillers de Paul Biya, que le Cameroun n'est pas l'Egypte, et ils prendront pour preuve le fait que le Cameroun soit au cœur de la zone française la plus militarisée d'Afrique, situé qu'il est entre d'une part les bases militaires françaises du Tchad et du Gabon, et ouvert sur la frontière sympathique encore pour son pouvoir du Nigeria. Ils lui diront, en bref, que le Cameroun, c'est le Cameroun.

Oui, ils lui diront, ces conseillers du président, que le Cameroun c'est le Cameroun, car si notre pays sur place déjà n'a pas d'opposition qui vaille, coagulé qu'il est depuis vingt ans avec les John Fru Ndi, Adamou Ndam Njoya, Jean-Jacques Ekindi, et qui d'autre, la diaspora camerounaise n'a encore pas pu nous inventer un ElBaradei – ou alors un Alpha Condé. Ils lui diront donc que la peur de la guerre qui a embrasé la Côte d'ivoire après s'être saisie du Congo, de la République centrafricaine; que la peur du coup d'Etat qui a encore épargné notre pays depuis 1984, fera le Camerounais préférer au changement, le status quo que son régime incarne. Ils lui diront que l'armée nationale camerounaise, bien payée et tribalisée en fin de compte, saura le défendre au besoin contre le peuple camerounais. Et puis, ils lui diront sans doute que Nicholas Sarkozy, le président de France, saura lui garantir ce pouvoir qui lui est revenu depuis la mort d'Omar Bongo, d'être le porte-flambeau de la continuité fançafricaine.

Or, après les évènements de Tunisie, si en Egypte Moubarak tombait, Paul Biya deviendrait ainsi, sauf Kadhafi, Robert Mugabe et Obiang Nguema, le chef de l'Etat qui serait resté le plus longtemps au pouvoir en Afrique. Jamais manguier ne sera aussi dénudé par l'histoire de ces derniers jours, et jamais ce qui se passe en Afrique n'aura aussi clairement donné un avertissement aux derniers tyrans de l'histoire de notre continent. Chaque jour qui passe ne renforce pas dans l'habitude le pouvoir de la dictature chez nous; au contraire, ce qui s'est passé en Tunisie et se passe en Egypte, écrit de plus en plus certainement la fin de son règne aux signes de la poudre d'escampette. Car quel Camerounais, dites-moi donc, n'a pas vu que le pouvoir de Ben Ali était le miroir fidèle de celui de Paul Biya? C'est que nous savons bien que ce qui se joue en Côte d'ivoire, c'est l'introduction d'une France faible, qui a eu besoin de dix ans, de l'ONU et de l'UA pour faire tomber Laurent Gbagbo parce que devant elle, elle a toujours trouvé des gens qui ont dit 'non, mes chers amis, pas cette fois-ci!', et a plié le cou finalement à Tunis.

Nous savons que ce qui se joue en Egypte, c'est le déculottage d'un tyran grabataire qui d'idée n'avait qu'une seule en fin de compte: installer au pouvoir son propre fils. Nous savons que la démocratie héréditaire qui a eu lieu au Togo et au Gabon, c'est le futur qu'un pouvoir aux ordres de Paris nous propose comme avenir, au nom de 'la stabilité' et de 'la paix' que la France compte bien nous imposer au prix de son 'expertise en matière de police', comme elle voulait le faire en Tunisie, avant que d'être dribblée par le peuple tunisien. Nous savons, oui, nous le savons, bèbèla!, que le Cameroun est plus grand que le Togo ou le Gabon, que donc le peuple camerounais plus nombreux sait se défendre, et l'a d'ailleurs toujours su. Mais surtout, nous savons, nous les Camerounais, que nous avons dans nos bagages cette phrase simple que nous avions écrite en 1990, réveillé de nos tiroirs en 2008, et que nous saurons bien écrire cette fois encore dans nos rues et sur notre corps au besoin, cette phrase si simple et si juste que nous saurons actualiser pour cette heure de plus en plus grave: BIYA WILL GO!

(2011)

4.

Le Cameroun sans Biya

Le futur du Cameroun se fera sans Biya. La question n'est pas si cela est possible, mais quelles sont les stratégies qui rendront cette si simple banalité réalisable, bref, quels sont les moyens qui en précipiteront l'arrivée; quels sont donc les chemins qui réaliseront cette vérité avec le moins de gâchis possible. Un futur bien simple, il va s'en dire, pour un résultat plus qu'évident; un futur cependant qui nous ouvre sur de nombreuses voies. Quelles sont les voies de réalisation de ce futur? Voilà l'espace immense dans lequel la question de l'ELECAM se pose aujourd'hui.

Il est cardinal ici de toujours se rappeler que cette commission n'est qu'une voie et une seule parmi de nombreuses autres voies, qui permettraient l'advenir réel d'un Cameroun sans Biya. Quelles sont ces autres voies? Voilà la question d'importance! Etrange que les seuls qui dans le langage politique camerounais auront durant ces dernières années parlé de 'guerre', par exemple, sont ceux-là même qui ont entre leurs mains le pouvoir, c'est-à-dire les ministres de Biya donc, comme en février 2008, et qui possèdent ainsi le monopole de la violence d'Etat. C'est évident, l'ELECAM est le côté cour de leur violence.

Affamé de changement réel, le peuple camerounais lui, si l'histoire est une indication, même dans ses soubresauts les plus prometteurs, a toujours beaucoup plus investi sa volonté de renversement de la balance politique dans le jeu des institutions. La croyance en la force de la loi, voilà qui traverse notre histoire de part en part. Rappelons-nous donc les pétitions en 1914 de Manga Bell devant le Parlement allemand; le discours devant l'ONU de Um Nyobé avant qu'il n'entre au maquis; et puis, plus proche de nous, la strangulation de l'opposition de notre pays dans une 'tripartite' dont elle ne s'est pas encore remise. Dire qu'il n'y a pas plus légaliste que le Cameroun, ce pays qui ne compterait même pas dans une main les coups d'Etats de son histoire! Le prix de ce légalisme à outrance, c'est la dépolitisation des populations, visible par quiconque traverse notre pays, et qui bien souvent pour l'étranger a le visage d'un jacassement de la classe politique sur fond d'un grand découragement social, tous les deux visages d'une croyance étonnante de notre pays à la Providence – par exemple la mort du tyran – qui va nous libérer de l'infamie.

La constitution frauduleuse de l'ELECAM, mais surtout les appels des voix de l'opposition aux ambassadeurs de puissances étrangères, et même au pape (sans blague!), plus que des signes du désespoir de notre intelligence politique nationale, sont les marques d'une très longue tradition camerounaise de légalisme politique à tout prix. Ah, l'ironie de notre histoire aura voulu que nous soyons pris en otage par un homme que les institutions auront inventé, Biya. Au fond cet apparatchik en chef n'aura jusqu'ici survécu à leur tête qu'au mépris des populations. Rappelons-nous qu'en ces années même où les élections n'avaient pas besoin d'être truquées, il n'affrontait déjà le peuple que par surprise, par des 'élections anticipées.' D'élections anticipées donc, à une constitution exclusive, nous voici arrivés à la fabrication d'une ELECAM qui lui donnera en octobre 2011 la victoire qu'il veut, grâce au boycott de l'opposition sur lequel il compte sans doute, pour se donner libre quartier.

Que faire? Le seul salut des forces de l'opposition réside selon moi, moins dans la contestation de l'ELECAM, que dans une rupture dramatique du calendrier imposé par Biya. Or seul le peuple a encore les moyens véritables d'imposer telle rupture significative. Une réponse adéquate des forces de l'opposition à l'ELECAM ne peut donc qu'être un appel à ce peuple auquel sa voix est une fois de plus arrachée en réalité. Des appels aux ambassadeurs des États-Unis, ou au pape sont inutiles, et même dangereux pour notre pays que nous savons tous indépendant et laïc. Ce que tels appels montrent en plus, et cela est grave, c'est l'incapacité des leaders de la classe politique à s'imaginer un Cameroun sans Biya et ses machines, à qui, en respectant son calendrier, ils donnent d'emblée l'autorité de légiférer sur les moyens du changement.

Heureusement l'incapacité de l'opposition camerounaise n'est pas le reflet des populations, elles au fond qui vivent déjà sans Biya depuis trop longtemps pour avoir encore peur du futur que cela promet. Se représenter un Cameroun sans Biya ne serait pour elles d'ailleurs que se rappeler cette évidence simple qu'elles vivent tous les jours. Le plus tôt l'opposition camerounaise se mettra au diapason de la réalité du peuple, le mieux cela vaudra pour notre pays.

(2009)

Contre l'œuvre

1.

Le prix de la paix

Il m'aura été impossible de traverser le Cameroun, ce mars 2008, sans penser à cette phrase capitale de Goethe, devant les soubresauts violents de la révolution française: 'je préfère commettre une injustice à supporter le désordre.' Comment en effet cette phrase d'écrivain ne résonnerait-elle pas dans mon esprit, devant les assauts de la violence qui ont caractérisé le Cameroun depuis l'annonce par le président Biya de sa décision de tripatouiller l'article 6.2. de la Constitution du pays pour se maintenir au pouvoir, après un quart de siècle ininterrompu de règne, et devant la centaine de morts qui jonchent notre conscience depuis le jour de cette fatidique annonce? C'est que le seul capital politique de cet homme-là, c'est la paix. Et il s'en sert au tout venant. Une phrase devenue proverbiale dans les rues du pays résume d'ailleurs toute sa philosophie: 'le Cameroun, c'est le Cameroun', cette phrase qui instaure la singularité de la paix camerounaise dans le voisinage de pays – Nigeria, Congo, Centrafrique, Tchad – en perpétuelle ébullition, comme étant l'œuvre d'une politique qui ne peut qu'être sage et judicieuse. Et chacun se réjouit du fait que ce pays de quinze millions d'habitants ne fasse pas la une des journaux occidentaux, n'explose pas soudain dans une guerre ethnique, bref, n'offre du moins rien de mieux que le ronron jacassant de ses habitants. Le Camerounais est pacifique, dit-on d'ailleurs au pays en se congratulant. Et les amis du Cameroun sans doute demanderaient: pourquoi se plaindre, quand votre pays est en paix? Pourtant il a suffi d'un souffle de colère pour que se réveillent soudain les mille diables. Pour qu'enfin l'on se rende compte que la paix camerounaise est des plus fragiles, ou alors, comme me disait Ekane Anicet, cet homme politique qui fut candidat à la présidentielle en 2004, 'le pays vit au bord du désastre.'

Pourquoi? C'est que la paix camerounaise repose sur un tapis d'injustices. A l'injustice sociale apparente dans la pauvreté abjecte des habitants d'un pays pourtant si riche, pauvreté qui ce février aura été la goutte qui fit déborder le vase, s'ajoute l'injustice politique qui fit le régime de Paul Biya gagner des élections truquées d'ailleurs en 2006, c'est-à-dire emplir l'actuelle Assemblée nationale de l'écho multiplie de sa seule voix qui aujourd'hui lui donne totale autorité sur le changement de la Constitution du pays. Et d'ailleurs cette Constitution-là, même si elle le mettrait à la retraite en 2011, ne s'en assoit pas moins sur une profonde injustice, elle qui avait été écrite en 1996, en excluant le peuple pourtant souverain et qui, lui, demandait plutôt une Conférence nationale. Elle qui divise les Camerounais en citoyens 'allogènes' et 'autochtones';

elle qui d'ailleurs n'a jamais été soumise à aucun referendum populaire. Le total musèlement des voix citoyennes, quand elles ne sont pas des panégyriques, se mesure à la violence avec laquelle l'armée est mobilisée pour fermer des medias qui ont donné la parole à des voix dissidentes comme celle du président du plus important parti de l'opposition, John Fru Ndi. Et bien entendu l'usage de la force de la police contre des manifestants aux mains nues n'est que le sommet d'une déroute de l'Etat qui depuis trop longtemps s'est habitué à commettre des crimes et à être félicité. La dimension de l'injustice camerounaise se mesure certainement le plus fidèlement dans ces jeunes étudiants de l'ADDEC, le syndicat estudiantin, que j'ai rencontrés, qui chacun n'ont connu à vrai dire d'autre président que Paul Biya de toute leur vie, et qui pourtant ont écopé de six à sept mois d'emprisonnement pour avoir demandé, pacifiquement, des conditions meilleures dans les université d'Etat. Encore qu'ils soient heureux, on dirait avec cynisme, de n'avoir pas été tués comme leurs camarades de Buéa qui pour la même raison s'étaient mis en grève.

Pourtant c'est ici que des actes de courage illuminent soudain la nuit. Qu'ils sont tous ou presque l'œuvre singulière d'artistes donne certainement la mesure de la démission des organisations politiques, des associations sociales et même des syndicats devant l'urgence de la condition camerounaise aujourd'hui, sapés qu'ils sont tous par la gangrène de la corruption et de la violence dont se nourrit l'Etat. En même temps cependant cela nous montre combien la voix citoyenne a pris corps entretemps dans les envolées des gueux. Car c'est bien avec un peintre, Mboua Massok, que les émeutes de la faim ont commencé à Douala, lui qui le 25 février brava soudain les gendarmes comme depuis longtemps aucun Camerounais ne l'avait plus fait. Et à Yaoundé, c'est également avec un musicien de reggae, Joe la Conscience, que soudain s'est révélé l'un des visages les plus macabres de l'injustice qui étrangle ce pays. Arrêté alors qu'il faisait la grève de la faim devant l'ambassade des Etats-Unis pour protester contre l'assaut de Paul Biya sur la Constitution du Cameroun, il sera trimballé devant les tribunaux qui lui infligeront une peine de six moins de prison pour 'organisation d'une manifestation interdite.' Et si c'était seulement tout: le jour même de son arrestation, son fils, âgé de onze ans, était abattu de sang froid par un gendarme qui sur cet enfant aura tiré de vraies balles. Il ne fait pas de doute, le pouvoir au Cameroun aujourd'hui a peur plus que tout de ceux-là qu'il nomme des 'vandales', ou alors des 'casseurs', qui en fait sont des jeunes à qui les vingt-cinq ans au pouvoir de Biya n'auront pas pu donner un avenir, et qu'aujourd'hui encore il condamne à la pelle au tribunal de grande instance de Yaoundé. Ils sont des centaines à recevoir ainsi, à la hâte des peines dont la moindre est de six mois d'emprisonnement et qui sont condamnés sans aucun respect de leurs droits minimaux.

Même les pronostics les plus optimistes ne peuvent s'empêcher de constater que la paix camerounaise est fragile, bien fragile, et que sa fragilité a la mesure de son très long flirt avec les injustices les plus criardes. Les images de l'implosion de la Côte d'ivoire, et le chavirement du Kenya sont là pour nous mettre en garde. Il existe pourtant des chemins du maintien de la paix dans ce pays, et ceux-ci sont nombreux. Mon écoute de nombreuses voix de la société civile, ma participation dans des débats publics et ma rencontre avec des associations m'a montré qu'il existe une réelle volonté, partagée par la majorité, de consolidation de la paix camerounaise, sans faire usage des armes ni encore moins de la violence de l'Etat. C'est que sur la question de l'usage de la force de la loi, le président Paul Biya et ses partisans sont bien dans la minorité. Malheureusement il faut qu'il y ait des oreilles pour encore entendre les voix de la raison. Prêter une oreille sincère à ces voix est cependant incompatible avec le soutien effectif accordé à un potentat qui, aujourd'hui encore aura montré combien liberticide est son pouvoir pour tout ce qui pour le Cameroun peut représenter le futur. Il faut au contraire se mettre clairement aux côtés de cette volonté que même les tribunaux les plus violents du pays ne sauraient éteindre, d'un peuple qui veut mettre fin à un quart de siècle de dictature. Moins que des appels mous et des condamnations du bout des lèvres, voilà ce qui est attendu de l'Union européenne, voilà ce qui est attendu des Etats-Unis, voilà ce qui est attendu de la France, bref, de tous ceux qui aiment le Cameroun, et souhaitent qu'il ait pendant longtemps encore la paix.

(2008)

2.

La destruction de la famille camerounaise

La dictature est un cancer qui grandit dans un corps social détruit. Tel est le vice qu'elle partage avec ce pire des crimes historiques: l'esclavage. Mais peut-être ne sait-elle pas encore sa malsaine parenté chez nous? Ainsi les images de la 'famille présidentielle' sont-elles montrées au fil des journaux parlés de la télévision nationale, quand en même temps vingt-huit ans de grandes ambitions ont laissé la famille camerounaise en ruines. Il n'est pas un jour où les médias ne disent les allants et venants d'un membre de la famille du président, sa femme, ses enfants, toujours en vacances, ceux-là, quand en même temps les rues de nos villes sont emplies de jeunes qui eux n'ont plus d'avenir. Les flasques et l'impossible tignasse de Chantal Biya font les ministres du potentat se réveiller de leur torpeur pour publier dans des journaux des lettres d'amour, quand en même temps les mères camerounaises voient leurs fils à trente ans être incapables de se fonder une existence adulte. Ils doivent se satisfaire de la paternité revenue sur le tard du président, ces Camerounais adultes à qui il est empêché de devenir des pères véritables pour les enfants qu'ils abandonnent aux filles-mères dans les quartiers, eux à qui il a été arraché les moyens de fonder une famille. L'envie nourrit le ressentiment, car dans le commun, les familles monoparentales ont pris la place laissée vacante par les familles polygamiques du passé. Ce qui ailleurs est le triomphe de la femme sur la phallocratie est chez nous un des exemples les plus parlants de la destruction de la famille, car en une seule génération, le patriarche a été remplacé par le père absent. Le bonheur sans cesse miroité de la famille Biya reflète ainsi la réalité abjecte des milliers de familles détruites de notre pays. Et ceci a lieu quand les exemples du Togo et du Gabon ont fait entrer dans les possibilités de notre futur politique la fabrique d'une succession démocratique héréditaire. Bref, le projet hérédocratique a lieu quand dans le même temps les pères de famille camerounais sont systématiquement émasculés. Ce paradoxe criard de la dictature que nous vivons ne devrait pas surprendre, même s'il se vit en silence dans les foyers, et même si le propos critique sur la famille présidentielle est souvent encore tu aux frontières de la courtoisie et de la décence. C'est indiscutable pourtant: la fainéantise dont se nourrit le biyaisme se dissémine le mieux dans la structure sociale camerounaise parce que le cocon de la famille chez nous est détruit.

La famille est le socle d'un l'État sain, on le sait. La dictature, elle pourtant, nait des ruines de la famille. Si le dictateur a peur de la famille, c'est parce que c'est dans la famille en effet que se trouve la poche de résistance la plus sûre devant sa castratrice violence. C'est l'équilibre familial qui protège l'enfant contre les folles turpitudes du despotisme. Quiconque a grandi dans un cercle familial harmonieux et a connu l'embrasse de parents aimants, n'acceptera jamais la domination crétinisante de la plèbe qui nous gouverne, car le degré d'imbécillisation qu'elle exige lui sera inconnu et donc inacceptable. Le foyer, la maison, le salon de famille, voilà où se fabrique le citoyen digne, car ce sont des lieux où l'amour de soi, le respect des autres et le dialogue sont des leçons quotidiennes. Et ces choses, c'est avant tout le père, la mère, les frères et sœurs qui les enseignent. Si chez nous la famille est devenue l'ultime bastion de la dignité, ce n'est pas par conservatisme social, au contraire: c'est parce que les médias privés et publics, les partis politiques, les associations, ces lieux classiques de formation publique de la citoyenneté ont été totalement corrompus par la dictature. L'école publique, cette structure sacrée de l'État et fabrique centenaire du citoyen, a été elle aussi trop facilement mise au pas de la tyrannie des grandes ambitions, pour avoir encore le pouvoir qui lui serait revenu dans une République, de fabriquer des têtes qui ont une bouche qui exprime une voix. Quand dans nos écoles publiques une des rares œuvres littéraires camerounaises mise au programme est écrite par Gervais Mendo Ze, le zélote le plus gargantuesque de la dictature qui nous étrangle, il est évident que le seul lieu où peut encore s'enseigner la dignité à nos enfants, ne reste plus que la famille.

Comme dans toute dictature, l'alternative est facile à imaginer, mais bien difficile à réaliser. Car comment le croire, ce n'est pas seulement le pouvoir qui impose à la société captive le miroir pervers de sa tentation héréditaire; l'opposition politique, elle aussi, du SDF à l'UDC, oui, de Fru Ndi à Ndam Njoya, ne trouve rien d'autre à nous proposer que le pouvoir dynastique. Comme si ce n'était pas suffisant que cinquante ans de népotisme, bref, qu'un demi-siècle de pouvoir familial aient sclérosé toutes les voies de notre futur! Il n'y a pas trahison plus grande que celle de ceux-là à qui on a donné le volant de notre avenir avec les clefs du changement. Voilà, c'est eux qui autant que le dictateur, nous donnent un coup de couteau dans le dos en nous proposant le règne de leurs épouses et enfants! Le paradoxe c'est que c'est pourtant encore dans la famille que se trouve la dernière poche de résistance devant cette avancée infinie du consanguinisme politique. Le père, oui, le père de famille, l'esclavage savait déjà qu'il fallait lui couper la tête pour dominer. La dictature elle, sait qu'il faut lui couper les couilles, si elle veut vraiment implanter ses structures vicieuses dans la société. Voilà pourquoi l'attentat des grandes ambitions sur le tissu social camerounais ne peut qu'être prémédité. Lors de l'explosion de février 2008, les soldats n'arrêtèrent pas seulement Joe la Conscience; ils partirent d'abord chez lui à Loum, et fusillèrent son enfant en plein salon, devant la mère et les frères de celui-ci. Ce n'est pas seulement œuvre de méchanceté là; c'est un crime social planifié et exécuté, car il n'y pas moyen plus évident d'anéantir un père. Les grandes ambitions savent que l'ultime champ de bataille aujourd'hui, c'est la famille. Leur dernier adversaire c'est le père de famille. Demandez ici et là: où sont donc passés les frères et cousins? On vous répondra soulagé: tous partis, qui en Italie, qui en Allemagne, qui en Afrique du sud. C'est notre pays qui produit le plus grand nombre de candidats à l'émigration en Afrique, et la majorité, nous savons, ce sont plus les jeunes hommes que les femmes. Il est très peu de familles camerounaises, riches comme pauvres, qui ne sont ainsi dévastées, éparpillées sur le globe, et dont la tête ne se retrouve pas en occident. Dans les cas extrêmes, les foyers sont abandonnés aux filles et aux femmes comme jadis, sous Ahidjo, le village était abandonné aux vieillards. Mais l'assaut véritable a lieu surtout à travers l'infantilisation des adultes, par l'augmentation de l'âge social au pays même. Il suffit en effet à chacun de nous qui se marie à trente-cinq ans de demander à son père quand il a épousé sa femme, lui: le jeune marié se rendra compte toujours qu'il est en retard sur son père d'une dizaine d'années. Il en est de même de l'âge auquel l'on quitte ses parents. Dans notre génération ils sont nombreux ces éternels enfants qui ne quitteront jamais la maison de leurs parents! Allez dans les mini-cités et vous allez y voir ces centaines d'adultes qui s'y sont installés dans l'existence bébéifiée qui leur reste.

Or, le politique se bâtit sur le social. Le jour où les Camerounais éliront un chômeur maire n'est pas encore venu. Viendra-t-il jamais? N'est pas encore venu non plus le jour où ils éliront comme chef de quartier un jeune homme qui habite encore chez ses parents. Viendra-t-il jamais? Une génération qui n'arrive pas à produire des hommes socialement responsables, saura-t-elle jamais produire des hommes politiques? Ah, voilà la tragique réalité des grandes ambitions, ou alors, non, au contraire, voilà leur véritable ambition perverse. Car et elles le savent, ces grandes ambitions, oui, elles le savent: la pétrification sociale assure leur longueur politique. En émasculant la génération qui frappe à la porte de la relève, la nôtre, elles condamnent celle-ci à ne pas lui poser de danger politique. Les moyens de cet assassinat dans l'œuf de la capacité générique de changement sont nombreux: l'on ne radie pas seulement des universités d'État les leaders estudiantins; on leur colle sur le dos des peines d'emprisonnement minimales qui cependant leur empêchent d'être embauchables par la fonction publique, dans un pays où l'État est le plus certain pourvoyeur d'une situation sociale: c'est-à-dire qu'on les assassine socialement, moyen le plus simple et logique de les tuer politiquement! Casser un leader de l'ADDEC c'est pour Biya et sa clique au fond faire d'une pierre deux coups. Pourtant voici l'ironie de cette histoire vicieuse: en empêchant la fabrication d'hommes responsables, le pouvoir au Cameroun croit qu'il s'installe dans l'éternité. Que non! Que non! Que non! Il laisse la seule voie possible de changement au coup de force, car ces pères de famille infantilisés, ces hommes castrés, c'est le caporal qui fait un coup d'État sous la barbe des généraux gérontocrates des armées. C'est Moussa Dadis Camara! Mais la vision de la dictature qui nous dirige est trop systématiquement vicieuse pour être autre que nihiliste. Ce qu'elle ne comprendra jamais c'est que là où l'opposition n'est plus possible, nait la rébellion. L'arrivée de Guillaume Soro chez nous est déjà programmée.

(2009)

3.

La République homophobe du Cameroun

Bon Dieu, qu'il est facile d'unifier la majorité de l'opinion publique camerounaise dans l'homophobie! Tous les grands journaux d'opinion de notre pays y sont passés, et les plumes les plus incisives, les plus progressistes, les plus radicales, les plus vengeresses, quand il s'agit d'annoncer la prise du pouvoir par le peuple, de dire la profonde volonté de changement du commun, de mettre les droits de l'étudiant et du chômeur sur la table, ont sombré dans les caniveaux de la parole lâche et du coup de couteau dans le dos. Peut-être faut-il ici aussi citer les noms des chefs de la rédaction, des journalistes, des avocats, des plumitifs, des lyncheurs, des bloggeurs, qui ont défilé en éditoriaux scandaleux, en paroles sales, en mots indignes de toute République! Peut-être faut-il constituer la liste honteuse de ces soi-disant éclaireurs de notre opinion, avec en dessous le grand titre: 'voici les homophobes de chez nous.' Mais voilà: allons-nous, nous aussi sombrer dans la déroute de ceux-là qui orchestrent la chasse aux sorcières? Qui mettent le couteau aux mains de celui qui demain castrera son voisin homosexuel? Une chose est sûre: s'il manquait une preuve de l'homophobie profonde de l'opinion de notre pays, le débat actuel sur l'homosexualité l'a finalement donnée à voir au monde. Les journaux de chez nous, entraînant la plèbe haineuse, ont transformé notre pays en République Homophobe du Cameroun. Quelle déroute générale devant de honteuses révélations!

Un argument est revenu plusieurs fois, et c'est certainement le plus important: la loi. La loi de notre pays condamne l'homosexualité. Comment l'oublier, quand il y a à peine un an, en mai 2005, 17 camerounais accusés d'homosexualité, avaient été appréhendés à Yaoundé, et 11 écroués à Kondengui? Or si la gendarmerie peut traquer les silures, pourquoi ne chercherait-elle pas les baleines? C'est vrai, les forces visionnaires de notre pays sont avant tout légalistes: avec les armes qu'elles ont, par les journaux, elles dénudent les hommes du pouvoir; elles lapident les hommes et femmes publiques, elles plument les responsables de notre administration, au nom de ce que ceux-ci ne respectent pas la loi; au nom de ce que la loi ne s'applique pas à eux. Elles leur crachent dessus, parce qu'ils mettent tous les matins le Code civil, et même la Constitution de notre pays dans leurs toilettes et tirent la chasse d'eau. Mais voilà, quand des lois deviennent injustes par rapport à une partie de la population, c'est qu'il est temps de les abroger: sinon nous en serions encore aujourd'hui à subir la légalité de la ségrégation raciale, de l'apartheid, de la colonisation, et même de l'esclavage! Sinon nous en serions encore à entendre décréter que les femmes sont des mineures et ne devraient pas avoir le droit de vote, ne devraient pas être éduquées! La force des lois n'est inscrite que dans le socle de la justice, or la loi camerounaise sur l'homosexualité est plus qu'injuste: elle est une honte pour toute République, et doit être éradiquée! Dire en plus que cette loi qui chez nous penalise l'homosexualité est un héritage du Code napoléon de 1804, et donc de la colonisation!

Un autre argument est apparu, dès le début: la déviance. 'Déviance'? N'est-ce pas le titre de cette émission qui du haut de notre télévision d'Etat, durant de nombreuses années s'était transformée en autel de la moralité publique, et avait érigé pour code de conduite dans notre République laïque la Bible, comme je m'étais rendu compte lors de visites? Cette fois, nous avions laissé les frontières de nos mœurs être édictées par un pseudo-laïc engagé, en réalité un fondamentaliste hypocrite de la morale. Nous ne savions peut-être pas encore que nous abandonnions le terrain de notre citoyenneté, le fondement de notre vie en commun, aux autodafés de la religion. Voilà qu'aujourd'hui, nous découvrons notre vie publique légiférée par la parole d'un prélat, car la découverte publique des homosexuels n'a-t-elle pas été lancée au cœur de la capitale de notre pays, par l'homélie inquisitive de Monseigneur Victor Tonye Bakot? Le chat revient toujours à la maison pour dormir. Ainsi nous voyons une dont le nom est apparu sur la liste infâme, au lieu de faire recours aux tribunaux, s'adresser à l'archevêque homophobe, quand il s'agit de sa vie qui est mise en danger. Mais peut-elle aller ailleurs que chez le prêtre même qui l'a livrée au bûcher, la pauvre, quand les lois de la République du Cameroun qui auraient pu la défendre sont elles aussi totalement et aveuglement homophobes? Le cercle vicieux dans lequel cette accusée de la liste honteuse se retrouve ainsi n'est que le visage de la profonde injustice qui mine notre pays et notre société. 'Tu vas aller où?', n'est-ce pas ce que notre opinion publique homophobe elle aussi lui dit? Mais voilà: allons-nous laisser le code de conduite publique du Cameroun être édicté par des religieux?

Le déculottage public des citoyens de notre pays n'aurait pas été plus dangereux et explosif, s'il ne s'était ici et là fondé sur cela que plusieurs ont appelé 'la tradition africaine', s'il n'avait pour socle de sa vendetta 'les coutumes de chez nous'. Et voilà, de quelles coutumes s'agit-il? Les coutumes des Bakweri sont-elles devenues les mêmes chez les Béti? Celles des Moundang sont-elles donc celles des Bamiléké? Celles des Bassa sont-elles celles des Baka? Le socle de notre République, le gage même de notre paix sociale, c'est la diversité, la profonde diversité de notre pays, qui fait que cinq Camerounais unis dans un taxi ne parleront certainement pas la même langue maternelle. Or si notre pays est justement une République, c'est parce qu'il accepte dans sa Constitution la diversité sociale, humaine, de langue, de goût, qui le fonde; c'est parce qu'il accepte même des diversités sexuelles qui ailleurs sont interdites, comme la polygamie. Remettre cette diversité en cause serait faire exploser notre vie en commun. C'est cette diversité qui fait qu'il n'y aura jamais une seule définition de la famille chez nous, et donc que, quelle que soit la volonté inquisitrice des prélats et des Talibans de notre pays, il n'y aura jamais, mais alors jamais une seule vision de la sexualité au Cameroun. Et d'ailleurs, n'est-il pas temps d'en finir avec l'idéologie qui veut que les 'traditions africaines' soient fermées à la pensée et aux pratiques *queer*, quand nous voyons sur des œuvres d'art des représentations androgyniques, hermaphrodites, et même travestîtes? Et puis aussi, n'est-il pas temps d'en finir avec cette autre qui veut que nos 'coutumes' ne soient, dans leur infinie diversité, ouvertes à la possibilité homo-érotique que pour la condamner?

La plus grande surprise de tous ceux qui auront été horrifiés par l'autodafé aux homosexuels qui a lieu dans notre pays, est certainement l'absence de cette voix-là, de cette voix stridente et définitive, comme jadis celle d'un James Baldwin dans la communauté africaine-américaine, aux Etats-Unis, Oscar Wilde, dans l'Irlande catholique, ou Jean Genet dans la France de l'après-guerre. L'absence de cette voix citoyenne forte et claire qui se poserait debout pour dire qu'elle est gay, *et* revendiquer en même temps son droit d'être camerounaise, a laissé la place à la plus odieuse homophobie publique, et à la débandade des victimes. De même l'absence de la constitution d'un front citoyen pour revendiquer le droit camerounais à la diversité sexuelle, et donc le droit à être gay *et* camerounais, laisse pantois tous ceux qui partout ont pris l'habitude de considérer notre pays comme une République – c'est-à-dire avec un geste de respect. C'est que, plus que l'absence de l'homosexualité dans les 'traditions' de notre pays, plus que les bavardages haineux et ignorants de la presse à scandale et d'opinion de chez nous, plus que les cris d'indignation cynique, ce silence citoyen montre la profonde répression sociale qui écrase le Cameroun, et rend toute volonté de changement radical presque impossible. Certains journaux, certains chefs de la rédaction, certains leaders d'opinion avaient la possibilité de supplanter ce silence par une prise de position fondée sur une certaine idée du Cameroun. Ils ont choisi la voie de la déroute. Quelle dégringolade collective!

(2006)

4.

La République carcérale du Cameroun

Si ce n'était pas une humiliation nationale, chacun de nous aurait éclaté de rire devant les actuelles ironies de notre histoire: c'est que jamais président de la République n'a montré en même temps sa peur que sa naïveté politique aussi publiquement que lorsque Paul Biya fit les députés du RDPC et de l'UNDP ajouter à la Constitution de notre pays, cet article ridicule qui veut inscrire l'immunité présidentielle dans les législations de notre futur. Sa peur et sa naïveté? O, le cocasse de ce texte vient du fait qu'il met sur la place publique la peur d'un potentat dont finalement presque tous les ministres sont en prison s'ils n'y seront pas bientôt devant la possibilité évidente et donc, devant l'advenir certain de son destin carcéral à lui aussi. Et mieux que dans les 'coups de tête' présidentiels de notre justicier de la dernière heure devant Eric Chinje, le destin carcéral du président de la République du Cameroun est inscrit dans les réglementations internationales de notre futur, au moment où les ex-présidents africains font la queue devant les instances législatives internationales qui unes à unes leur cassent les dents. Hier encore c'était Charles Taylor, comme aujourd'hui c'est Mengistu Hailé Mariam, quand demain ce sera Hissein Habré, qui soudain sont arrachés de leurs palais de marbre et coffrés, comme on dit chez nous. Oui, l'amusant de l'article sur l'immunité présidentielle dans notre Constitution est qu'il apparait au moment où le Tribunal Pénal international à La Haye n'a dans ses dossiers actifs, sauf bien entendu la Yougoslavie, seule exception, que des affaires africaines: Liberia, Congo, Sierra Leone, Soudan, Rwanda, la République Centrafricaine, et donc pourquoi pas bientôt aussi… le Cameroun?

Si les grelottements du despote de chez nous sont tout à fait logiques, c'est parce que les sanctuaires de dictateurs en fuite se font aussi de plus en plus rares aujourd'hui. Ainsi l'ultime refuge de son collègue Mengistu n'est rien d'autre que le Zimbabwe, dont Mugabe lui aussi aura bien le temps, si on en croit Morgan Tvanjerai, de faire face au Tribunal international! Bref, l'étau se ferme sur les dictateurs de notre continent. Si donc, et c'est peut-être tout aussi logique, la levée de l'immunité de Charles Taylor, capturé jadis en territoire camerounais, a donné des sueurs froides à Paul Biya, il est rigolo cependant que ce dernier croie en déchirant la Constitution de notre pays pouvoir se protéger du courroux de l'Histoire au moyen de textes de la dite Constitution! Car, entre nous, n'attend-t-il pas ainsi de ceux qui viendront après lui justement le respect de ces textes sur lesquels il a pissé avec mépris? C'est-à-dire: n'espère-t-il pas que le président qui viendra après lui – eh, oui, il en viendra un ou une après lui, fait-quoi, fait-quoi! – n'emplira pas lui aussi l'Assemblée nationale des voix de ses partisans, bref, ne falsifiera pas lui aussi les textes de la Constitution du Cameroun d'aujourd'hui, afin de jeter à ses trousses la 'force de la loi' qu'il aura lui aussi écrite seul quasiment? N'espère-t-il donc pas, Biya, que celui ou celle-là, qui sera président ou présidente de la République après lui sera habité d'un patriotisme constitutionnel, lui qui n'en a jamais eu aucun? Et puis d'ailleurs, n'espère-t-il pas que tous les Camerounais seront plus généreux et plus cléments avec lui qui, jadis, rancunier comme on sait qu'il est, fit condamner son prédécesseur Ahmadou Ahidjo à mort par contumace dans un tribunal militaire auquel il croit certainement échapper demain, lui? Ah, quelle naïveté politique!

Le sommet de l'ironie, c'est que jamais potentat ne s'est montré autant aux abois devant l'advenir logique de son futur, dans un pays qu'il aura transformé lui-même en République carcérale! Et comment d'ailleurs: comme la Bastille dans le Paris d'avant la Révolution française, Kondengui est devenu le symbole de l'ère Biya, bébéla! Cette prison lève aujourd'hui l'infâme présence de son sale bâtiment au cœur de Yaoundé, emplie qu'elle est de milliers d'âmes malheureuses au lieu de la centaine qu'elle aurait dû contenir, comme nous informe le prisonnier Joe la Conscience dans une analyse généreuse qui circule. Comment peut-il en être autrement? A des citoyens rackettés chaque minute par des policiers, par des agents de l'impôt, par ceux de l'électricité, par ceux de l'éducation, par ceux de je ne sais plus trop quoi d'autre, tous suppôt du despotisme, et qui s'abattent sur le Camerounais qui se respecte comme des moustiques la nuit; à des citoyens qui se lèvent tous les matins aux nouvelles dans les journaux de l'arrestation spectaculaire, de l'incarcération et de la 'condamnation ferme', autant des élites et ministres corrompus de la République que d'innocents dont le crime n'est que d'avoir eu une opinion contraire à celle du président de la République sur les affaires publiques; à des citoyens, je dis, devant qui le spectacle de la condamnation à la pelle de centaines de nos petits frères se juxtapose au souvenir de ministres d'Etat comme Titus Edjoa qui croupissent encore en prison, et dont on ne parle même plus; à de tels citoyens, il est impossible de dire que 'la force de la loi' de notre pays c'est autre chose que le régime de l'arbitraire, et que la marche de notre histoire est dictée par autre chose que le reflexe rancunier. Il est donc impossible de dire que ce qui arrive à Dieunedort aujourd'hui, n'est pas cela qui est arrivé hier à Jean-Barnabé, et qui donc sans doute arrivera demain à Paul Barthelemy!

Pourtant: 'le Cameroun n'est pas une jungle'; voilà ce que m'a dit l'autre jour, sans blague, une autorité avocate de notre pays qui a ajouté en plus: 'pouvez-vous parler comme vous le faites à un avocat là-bas aux Etats-Unis?' Dites, comment ne pas éclater de rire devant telle sottise? Car en réalité, plus le marteau de la justice frappe sur nos tables, plus s'élève dans notre pays le son de l'injustice qui y rime avec l'abus de pouvoir. Et qu'est donc devenu notre cher Cameroun, sinon le champion du monde de l'abus de pouvoir, qui chez nous se découvre même dans les moments les plus inattendus et les plus communs? Ainsi par exemple, un Samuel Eto'o peut impunément casser la gueule à un journaliste devant tout le monde et s'en sortir en disant 'asia'a' à la télé d'Etat: plus que 'son tempérament' ou 'ses milliards', ou alors le fait qu'il ait 'une mentalité de sous-quartier', lui qui est de New Bell, le réflexe de notre goléador 'qui ne se contrôle pas' épouse dans le fond les réflexes rancuniers qui gangrènent notre vie publique; bref, son sale geste est frère du ciscia qui dicte les actes de chacun chez nous qui a un peu de biceps, tout comme il est jumeau de la brutalité de nos militaires qui sur quelques-uns des axes lourds de notre pays (Bafoussam-Yaoundé; Yaoundé-Douala) se jettent impunément sur des passagers qu'ils plument devant notre regard distraitement jacassant. Le coup de tête de notre marqueur de buts national se conjugue avec les quinze minutes de folie de ces nombreux maris qui en ville ou au village tabassent leur femme et se font féliciter par leurs compagnons de matango; il se conjugue même avec l'arrogance de toute personne véhiculée au 4x4, qui en saison de pluie éclabousse des passants qui tapent à pied, et les engueule par-dessus tout, car: 'vous allez me faire quoi?'

Chacun de ces gens, en sa manière abuse du pouvoir qu'il a, comptant sur l'impunité qui chez nous en est le principe. Chacun d'eux inscrit ses actes donc dans la longue chaine de l'injustice qui attache encore notre pays à la racine rancunière de son histoire, et ainsi ouvre toutes grandes à chacun d'entre nous – et à Paul Biya en premier, inch'Allah! – les portes de Kondengui. Que faire pour nous libérer d'une telle violente téléologie? Nous savons déjà que la chute de ce président-ci ne sera jamais suffisante pour nous sortir des profonds et malodorants caniveaux de l'injustice où il aura précipité notre pays. Le courage est le prologue de la liberté, certes. Il nous faudra en plus cependant remplacer chacun le reflexe rancunier dont il aura fait sa politique depuis vingt-cinq ans et qui gangrène terriblement notre scène publique, par une éthique du respect qui commence sans aucun doute avec le respect de lois que nous nous donnerons tous. Après tout, aussi expansives qu'elles sont, les prisons de notre pays seront toujours trop petites pour incarcérer tous les Camerounais. C'est aussi simple que cela.

(2008)

5.

La liberté rançonnée

La différence entre la caution et la rançon est minimale: la première est payée à l'Etat, et la seconde à un malfaiteur. Si la première est légale et la seconde illégale, les deux cependant conditionnent la liberté de l'individu pris en otage. Il y a un an, à Bangangté, chose unique dans notre pays, il faut le dire, des étudiants de l'université des Montagnes – 'millionnaires' comme on les appelle là-bas – avaient été pris en otage par des ravisseurs qui demandaient le payement d'une rançon de 5 millions de francs CFA. La somme avait été payée pour leur sauver la vie. Il y a quelques mois, un écrivain camerounais s'est retrouvé en prison pour un livre litigieux, condamné qu'il avait été d'avoir porté outrage à la première dame de notre pays et organisé une séance de présentation de son bouquin. Sa condamnation était une contrainte par corps, liée au payement de 2 millions de francs CFA. Si dans le premier cas il s'agit d'une rançon, dans le second c'est plutôt d'une caution qu'il s'agit. Ici comme là cependant, le résultat est identique dans les faits: l'individu séquestré n'est libéré qu'après être passé à la caisse de celui qui le tient. Ici comme là, l'argent est le nerf de la liberté du citoyen.

La caution est un système de contrainte parfaitement légal, comme le directeur du FMI, Dominique Strauss-Kahn doit se rendre compte aujourd'hui, lui que le juge américain a jeté en prison après avoir refusé qu'il ne paye les 1 millions de dollars de caution qui sont mis sur sa tête. De ce fait elle ne peut donc que difficilement être reconnue comme étant une violation grave des droits de la personne. Après tout elle part du principe que les impositions faites par l'Etat sont de toutes les façons légitimes: il suffit de s'y acquitter. Seuls sont illégitimes ceux faits par un malfrat: ici il ne serait pas raisonnable de s'y acquitter bien évidemment, car alors elles ouvriraient la porte à encore plus d'impositions et à encore plus de rançons. Qu'en est-il donc lorsque l'Etat se sert de son système légitime d'imposition pour réprimer les citoyens en exerçant sur eux un chantage similaire? Qu'en est-il lorsque chacun de nous est pris dans des mailles qui font qu'on ait peur de s'exprimer parce que sinon on perdrait son boulot? Parce que sinon on se verrait imposer des taxes surélevées? Qu'en est-il lorsque l'on est pris de fait dans un esclavage qui soumet sa prise de parole et même ses mouvements au contrôle effectif d'une autorité politique ou religieuse? Qu'en est-il donc lorsque la population d'un pays vit dans les faits une liberté sous condition? Eh bien, elle perd son autonomie.

La mise à prix de la liberté des Camerounais a une histoire qui est celle de notre entrée de plus en plus profonde dans les mailles de la dictature. Cette histoire commence avec les années de braise qui ont vu un retrait de la censure dont le visage jusque-là était celui de l'interdiction généralisée: soumission de la sortie du territoire à l'obtention d'un visa de sortie; pour les femmes à l'approbation certifiée de l'époux; interdiction constante des journaux indépendants; interdiction des partis politiques, et autres. Mais ce retrait de la censure n'était que transformation de la prison en bagne intime. Aujourd'hui, le but du dictateur n'est plus de censurer, mais d'obtenir que chacun se censure. Comment y arriver? Tel est le lieu où le crime d'Etat se révèle pas à pas. Il y a deux ans un défenseur des droits de l'homme n'était pas seulement jeté en prison: chez lui, dans son lointain village, les gendarmes entraient également dans son salon et assassinaient son fils, la manière la plus évidente de taire un père étant de tuer son enfant. Ceux qui désespérés s'en vont se joindre aux promesses monnayées d'églises révélées se retrouvent trop tard enchainés par des serments qui les coupent totalement des leurs. Or il y a quelques temps on lisait effrayés que le pasteur d'une de ces églises de l'intolérance se promettait de mettre en branle ses sermons à travers notre pays à moitié musulman pour la réélection de Paul Biya comme président. Avant les conflits religieux du futur qui ici s'ouvrent chez nous et éclatent déjà au Nigeria où ces églises sont plus implantées, chacun devrait voir aussi combien elles font de leurs fidèles des esclaves pour une cause immédiatement politique.

Nous sommes entrés depuis quelques temps dans un chapitre des plus sinistres de notre histoire. La république de la peur qui s'est installée chez nous ne contraint pas seulement au pays au silence les intelligences les plus prometteuses, non, elle veut imposer le silence même à celles qui ont pu obtenir leur liberté loin de leurs mailles, et cela en prenant en otage leurs familles au pays. Insidieuse, elle enlève en plus à chacun de nous où qu'il se trouve, le droit même de se déclarer persécuté. Car comment se plaindre en tant que militant de l'opposition de la fermeture de sa boutique, quand l'on a soi-même signé la mise sous scellés de celle-ci en ne payant pas la surtaxe imposée par l'Etat? Comment se plaindre qu'on est persécuté quand la méthode que l'Etat utilise pour intimider c'est la caution qui, elle, est acceptée comme parfaitement légale et d'ailleurs pratiquée par les pays occidentaux eux-mêmes? Comment dire que ses droits sont violés dans le quotidien quand en réalité on s'est soi-même autocensuré? Comment dire qu'on est en esclavage quand on est soi-même entré dans une église révélée qui en plus vient des Etats-Unis, le 'pays de la liberté'? Il n'est pas surprenant qu'au moment où les Camerounais sont ceux qui de plus en plus constituent les communautés africaines d'exilés les plus nombreuses, au pays même le pouvoir se vante de leur avoir donné la liberté de partir qu'ils n'avaient pas auparavant. Nous croyions le rêve du dictateur être la fabrication systématique de citoyens dociles. Il se révèle que son paradis véritable c'est la constitution d'une République d'écervelés.

(2011)

6.

Galère d'une génération

Monsieur le Président,

Je sais qu'on ne s'adresse pas impunément à vous. Pourtant j'ai décidé aujourd'hui de vous écrire une lettre, parce que comme vous je suis un citoyen de ce pays. Permettez-moi d'abord de me présenter. Je suis Camerounais. Je peux le dire avec fierté parce que plusieurs fois j'ai eu la possibilité de changer de nationalité, mais ai toujours décidé de demeurer fidèle à celle que m'a donnée mon pays que j'aime. J'ai trente-cinq ans. Cela veut dire que mon tout premier souvenir politique, c'est cette phrase par laquelle Ahidjo annonça qu'il avait décidé de démissionner du poste de président de la République du Cameroun: cette phrase qui marqua le début de votre pouvoir, en novembre 1982. J'avais alors douze ans: l'âge de la sortie de l'enfance, et du début de la jeunesse. Si j'ai été trop jeune pour vraiment faire attention aux discours de votre prédécesseur, j'ai au contraire écouté tous vos discours à vous. Plus précisément, j'ai écouté tous les onze février les discours que vous adressez spécifiquement aux jeunes comme moi. Vingt-trois discours au total dont vous vous préparez à délivrer le vingt-quatrième ce 11 Février. Cela fera donc vingt-quatre discours à la jeunesse, dont curieusement je ne pourrais pas vous dire ce que j'ai retenu. Pas que je sois si bête, car j'enseigne tout de même actuellement dans une université et suis écrivain. C'est que dans ma tête vous répétez tous les ans le même discours.

Ce dont je me souviens cependant c'est qu'en vingt-trois ans, et en vingt-trois discours assidus, vous avez toujours parlé de choses qui ne me concernent pas. Je ne me fais donc pas d'illusions aujourd'hui, à l'approche du 11 Février. Alors que vos nègres rafistolent les propos de votre discours, je sais déjà qu'ils ne penseront pas à vous faire dire la réelle misère de la jeunesse camerounaise. Mais avez-vous jamais eu une seule pensée pour la jeunesse de notre pays? Monsieur le Président, avez-vous jamais eu une seule parole pour dire la misère du jeune camerounais et de la jeune camerounaise? Comment croire que vous allez parler de 'démocratie au Cameroun', de 'changement', quand ceux qui sont nés le jour où vous preniez le pouvoir, en 1982, ont voté pour la première fois aux élections présidentielles où une fois de plus vous étiez candidat? Comment croire que vous allez parler de l''avenir', quand en vingt-quatre ans de pouvoir le seul rêve véritable que vous ayez fait naitre dans la tête des jeunes camerounais c'est le visa Schengen? Comment croire que vous allez leur demander 'd'aimer leur pays', de 'faire des sacrifices', quand devant nos yeux à tous nous vous voyons emmener vos enfants tout le temps à l'étranger gaspiller l'argent du pays? Comment croire que vous allez une fois encore demander aux jeunes d'"avoir du courage', quand il est évident que vous n'allez pas mentionner ceux-là qui courageux ont été fusillés sur le campus universitaire de Buea et de Yaoundé, où ils ne demandaient rien d'autre qu'une éducation aussi décente que celle que vous avez eue vous-même?

Vous voyez, sans même que vous ayez tenu votre discours, je sais déjà ce que vous allez dire. Mais a-t-on besoin de sorcellerie pour cela? Nous savons que vous allez parler de la jeunesse, sans mentionner la galère de ceux-là qui sont éreintés par la police tous les jours, comme vous avez jadis ignoré les neuf de Bepanda, tout comme vous avez passé sous silence les noms de ces dizaines de jeunes camerounais qui sont morts, tués par votre police. Nous savons que vous allez parler des jeunes des campagnes sans mentionner que celles-ci sont abandonnées aux vieillards quand elles ne sont pas devenues des lieux d'enterrement et de funérailles. Vous dont le pouvoir, comment le croire? a entre-temps l'âge d'un Camerounais de 23 ans, comment pouvez-vous sérieusement fermer vos oreilles à l'avenir totalement bouché de cela que des cyniques appellent la génération Biya? Comment pouvez-vous confier la gestion des problèmes de la jeunesse à l'improvisation de votre femme et de votre fils, quand il est temps de décréter un état d'urgence devant la catastrophe du sida qui décime la jeunesse? Que faites-vous pour la jeunesse camerounaise? Croyez-moi, dans la tête des jeunes, tous les ans vous répétez le même discours. A une virgule près. Pour vous en convaincre, je vous propose ceci: lisez donc cette année plutôt le discours que vous avez tenu il y a un an, ou même celui que vous avez tenu il y a cinq ans. Pourquoi même pas celui d'il y a vingt ans? Vous verrez que cela n'étonnera aucun jeune. La jeunesse ne s'en rendra même pas compte. La seule différence sera, peut-être, que d'année en année, vos discours s'éloignent des préoccupations réelles des jeunes, que vos discours sont donc de plus en plus creux, car ils ne sont jamais suivis d'actions.

Monsieur le président, avez-vous jamais été jeune? Non, vous ne l'avez jamais été: sinon vous auriez une oreille pour les inquiétudes de la jeunesse de notre pays; sinon vous auriez une oreille pour son urgent besoin d'une politique qui prenne en compte ses besoins. Avez-vous vraiment un fils qui est jeune? Mais votre fils qui a mon âge a-t-il seulement souffert comme les jeunes de ce pays que vous dirigez? Si vous aviez une oreille pour le calvaire de la jeunesse, vous n'auriez pas le courage de venir une fois de plus lui tenir un discours dont personne ne se souviendra. De grâce donc, monsieur le président, cette fois, tenez un autre discours à la jeunesse! Ou mieux, pour une fois au moins, faites un geste vraiment historique: ne tenez aucun discours le 11 février! Qui va s'en plaindre? Nous savons tous que vous ne réalisez jamais vos promesses, et que d'ailleurs dans notre pays personne, ni aucune structure ne vous y oblige. En plus, nous voyons tous l'ennui avec lequel vous lisez ces discours auquel personne en réalité ne vous oblige, et encore moins nous les jeunes. Nous savons que vous ne vous souvenez même pas vous-même le 12 février de ce que vous y avez dit la veille, mais vous avez peut-être une excuse, car nous savons tous que ce n'est pas vous qui écrivez ces discours. Voilà pourquoi nous n'attendons rien de ces discours, et n'avons d'ailleurs jamais rien attendu d'eux en réalité. Soyons donc sérieux au moins cette fois, par amour pour notre pays: pour le 11 février, pas de discours inutile! Au moins ainsi verrez-vous la vérité de votre régime, car vous allez vous rendre compte, vos promesses ne nous manqueront pas. Au contraire, votre silence nous fera voir que vous avez compris que nous attendons de vous une seule chose: des actes.

Sincèrement,

(2005)

7.

Biya, qu'as-tu fait des jeunes de février 2008?

Ainsi donc, des tracts jetés par des jeunes dans certaines de nos villes ont fait Paul Biya interrompre précipitamment sa villégiature suisse d'où il comptait – sans blague! – s'adresser par vidéo cassette à la jeunesse camerounaise ce 11 février. Qui parmi nous a été surpris? C'est que de toute sa carrière, l'homme n'a jamais, mais alors jamais fait preuve de courage. Pourtant entre nous, c'est toujours un but contre zéro, lorsque la jeunesse de notre pays fait le vieux dictateur grelotter de peur. Qu'il ne soit pas candidat à l'élection de 2011, demeure cependant le but, le seul qui vaille aujourd'hui, en réalité. Oui, c'est simple: qu'il parte! Qu'il parte! Seulement avant, hélas il tient à lire une vingt-huitième fois devant les caméras de la CRTV, ce discours dont tout Camerounais de dix, vingt ou trente ans sait déjà l'introduction, le corps du sujet et la conclusion!

Ah, pourquoi ne va-t-il donc pas lire son discours dans un de nos sous-quartiers – à la Briqueterie par exemple – où des milliers de jeunes sauront bien avec des cailloux lui réserver le seul accueil qu'il mérite aujourd'hui? Pourquoi d'ailleurs ne va-t-il pas le lire à l'université de Yaoundé où des étudiants de l'ADDEC actuellement risquent leur vie comme leurs camarades du parlement jadis, pour dire à l'autorité universitaire combien leur éducation est pilonnée? Ou alors: pourquoi ne se tait-il pas tout simplement, pour une fois au moins? C'est que son discours du 11 février aurait cette fois fait chacun de nous éclater de rire, si l'heure n'était pas grave. Si en même temps les sbires de son régime à l'université de Buéa n'avaient exclu les étudiants Fonki Yannick Ndeley, Epie Etienne Mokambe et Eyongetta Stanley Njiessam, leaders de la University of Buea Student Union. Si comme pour habiller leur forfaiture à la manière du renouveau, ils n'avaient il y a quelques jours, en plus arrêté Eyongetta Stanley Njiessam, et l'avaient jeté en prison!

Pourtant comment en ce 11 février ne pas se demander avec chaque jeune camerounais: Quel pays est-ce donc-là où un assassin peut, au lieu comme ses ministres de payer pour ses crimes à Kondengui, prendre la parole à la télévision et ressasser des mots sommeilleux que tout le monde sait déjà? Est-ce vraiment le Cameroun ça? Ce pays qui est trainé dans la boue et dans le sang par un individu, est-ce vraiment notre pays? Pendant combien de temps allons-nous donc laisser telle criminelle farce se poursuivre? Cela va-t-il rester impuni? Questions simples, qui pourtant ne peuvent sérieusement être posées aujourd'hui qu'à partir de la fosse commune où gisent ces deux cent jeunes qui en février 2008, avaient été arrêtés dans nos rues et assassinés par les soldats de Paul Biya, pour avoir dit l'évidence que tous nous savons: que leur avenir a été bousillé par un demi-siècle de grandes ambitions.

En vérité la seule question à Paul Biya qui vaille aujourd'hui ne peut être posée que par tous ces jeunes morts dont il a le sang sur les mains; et je les nomme: Ndimah Lovert; Awana Blaise; Didaben Etienne; Ebanda Lurie; Ebwele Blaise; Issom Mustapha; Jabea Daniel; Mbede thomas; Mbeng Junior; Ngounou Edouard; Tsangue Jules; Kameni Auriol; Kamga Romain; Owuboki Paul; Tantoh Emmanuel; Tekoh Roland; Bebbey Thomas; Bonang Jean Pierre; Che Emmanuel; Etchong Remy; Hinsia; Kamdem Jean; Kameni Lionel; Maleg Thaddeus; Minkante Jonas; Minkoulou; Nana Giresse; Ngantchou Timothée; Nintedem Aurelien; Nsoh Nsoh; Norbert; Nyamsi Gervais; Onah Patrick; Oyema Paul; Abbia Joseph; Tabungong Emmanuel; Turbo; Walter Stephen; Anya Debene; Che Emmanuel; Etong André; Fontoh Isily; Ndongma Wamba; Nsaba Michel; Saayem Jean de Dieu; Tchapda Eric; Tiwa Jacques; Anthony Forment; Blaise Ebouele; Prudencia Bih. J'en oublie sans doute, ces jeune âgés de onze à trente ans, et qui de toute leur vie, n'ont connu comme président que Paul Biya. Dites, le meurtre de ces petits frères nôtres va-t-il donc rester impuni? Bèbèla!

(2011)

8.

Général Pierre Semengue, allez-vous couper la tête à tous les Camerounais?

Eh général, nous savons, oui: vous affichez un crétin sourire toutes les fois qu'on vous questionne sur vos crimes. Ainsi, dans une interview accordée le 21 décembre 2007, assis dans le jardin confortable de l'impunité que vous a bâti les grandes ambitions, vous dites ceci, parlant de vos concitoyens camerounais: 'on était obligé de couper la tête des rebelles, et de venir l'exposer dans les villages'. Et vous continuez, sourire aux lèvres: 'je pense que c'était de l'information.' Criminel moyen d'informer les populations bamiléké et bassa désarmées, qui avaient pourtant des postes de radio, ou d'autres méthodes pour savoir la vérité sur leurs frères! Sanguinaire général qui aurait préféré que le peuple camerounais n'ait pas de tête, et donc n'use jamais de son jugement! Or Ahidjo aux ordres de qui vous décapitiez vos concitoyens jadis a été lui aussi condamné à mort en 1984 pour rébellion! Écervelé général, donc: si seulement vous usiez souvent de votre propre tête! Si seulement, bèbèla!

Nous savons que le 15 mars 1966, Castor Osende Afana, 36 ans, 'rebelle', docteur en économie, a été tué dans le sud du Cameroun, que sa tête a été 'sectionnée au ras du tronc', et apportée à Ahidjo; que par la suite, nombreux ils seront, les Camerounais qui dans l'Ouest du pays surtout seront décapités, et dont la tête ornera des carrefours et abords de marchés. Mais nous savons aussi que vous, général, n'avez que vos médailles grotesques mises sur votre poitrine par des tyrans et nos oppresseurs, alors qu'Ernest Ouandié et ces Camerounais que vous vouliez sans tête sur les épaules, ont été faits héros nationaux en 1990, par l'Assemblée nationale camerounaise. Pourquoi? Parce que ce sont ces 'rebelles' qui en premier ont rêvé pour nous d'un pays où les droits de l'homme sont sacrés, où l'intégrité du corps – *habeas corpus* – est constitutionnellement ancré; qui donc, ont imaginé une république où des Camerounais ne se comportent pas comme des abrutis, mais utilisent leur propre intelligence pour faire leur histoire.

En 1990, ces Camerounais ont pris la rue pour exiger le respect de leurs droits, et c'est vous général, encore vous qui avez, sourire aux lèvres, opposé à leur volonté la menace du coup d'Etat, comme si c'était le pire qui puisse arriver à notre pays déjà mis à genoux par vos salaires surélevés de soldats. En 2000, c'est encore sous votre bénédiction que des jeunes à Douala ont été assassinés par un soi-disant 'Commandement opérationnel.' En 2008 aussi, des centaines de Camerounais sont tombés sous les balles de vos soldats qui ici aussi auraient préféré qu'ils n'utilisent pas leur tête pour demander à Biya, 80 ans, 29 ans de pouvoir, de partir. Ce 23 février 2011, vos généraux et colonels – René Claude Meka, le colonel Eyenga – ont envoyé les unités spéciales du Bataillon d'intervention rapide (Bir), le Bataillon des troupes aéroportées de Koutaba (Btap) armés jusqu'aux dents dans les rues de Bafoussam, Douala et Yaoundé, à cause de quelques chuchotements, tracts et graffitis! Général Pierre Semengue, entre nous, dites-moi donc: de quoi avez-vous tant peur? Ainsi avez-vous, au bout de vos cinquante ans de service, fait de l'armée camerounaise une armée tribale, et qui n'a toujours su utiliser ses armes que contre des Camerounais. Incompétent général dont les soldats depuis vingt ans n'ont même pas pu gagner la seule bataille que de toute votre carrière vous ayez menée contre une agression externe, la bataille pour la souveraineté camerounaise sur la péninsule de Bakassi!

Ah, général, on voit qu'à votre St Syr-là, vous n'aviez pas appris les droits de l'homme; que ceux-ci ne sont pas enseignés à l'Emiac non plus. Eh bien, sachez que les droits de l'homme sont un socle aussi solide que le roc sur lequel rebondit toute balle de fusil, et sur lequel se fracasse tout Etat. Ne vous trompez pas, non: l'histoire du monde nous a fait vivre, nous, la mort d'Etats aussi puissants que l'Union soviétique ou le Soudan qui n'accordaient aucune valeur aux droits de l'homme. Elle nous a fait voir des généraux comme vous, et des présidents comme Biya, faire face au Tribunal pénal international, Tpi, et être condamnés pour atrocités et génocide. L'intégrité du Cameroun ne peut pas être imposée en coupant la tête à tous les Camerounais qui protestent, mais en respectant leurs rêves et leurs demandes minimales. Le régime aujourd'hui grabataire que vous défendez depuis 1960 ne survivra pas cette évidence de l'histoire qui veut que notre futur commun ne soit possible que dans le respect effectif des droits de chacun. Nous Camerounais, rêvons d'un pays qui respecterait nos vies, et nous marcherons tant que ce rêve n'est pas réalisé. Serions-nous épuisés que nos enfants, leurs enfants et petits-enfants marcheraient. Alors, général, allez-vous donc leur couper la tête aussi? Je vous sais court, mais on vous dit courageux. Ce texte-ci est un outrage selon l'article 154 du Code pénal; nous le savons, vous et moi. Si vous êtes un homme, déposez donc votre coupe-coupe, traduisez-moi au tribunal, et que le procès ait lieu en public. Nous verrons qui gagnera, bèbèla.

(2011)

9.

Petite histoire de la déportation à l'usage des grandes ambitions

Il y a eu des Camerounais nazis. C'est que oui, les Camerounais sont forts. Ludwig Mbebe Mpessa, premier acteur de cinéma de notre pays, n'a trouvé aucun inconvénient à poser avec une équipe de boxeurs nazis arborant tous la croix gammée, au moment où ses frères et sœurs nés dans la diaspora camerounaise en Allemagne disparaissaient dans les camps de concentration, ou étaient stérilisés contre leur gré. Il jouait dans des films les plus racistes qui aient jamais existé, au moment où d'autres Camerounais tel Theodor Wonja étaient déportés, souffraient du racisme d'Etat qui était alors la politique officielle de l'Allemagne. Il pouvait, au moment où tous les noirs se cachaient, se faire une carte de visite qui ainsi donc partout rendait son existence publique. Il a évidemment survécu la guerre, Ludwig Mbebe Mpessa, et est mort de vieillesse dans son lit berlinois.

L'Allemagne nazie n'a pas inventé les déportations, on le sait. Elle n'est pas non plus la dernière à s'en être servi. On le sait aussi. Ses méthodes ont cependant toujours trouvé des sympathisants parmi les pouvoirs camerounais. Mbebe Mpessa n'est donc pas seul dans cette étrange histoire des Camerounais qui se sont faits compagnon de route du nazisme. Les grandes ambitions sont si heureuses de toutes les fois déporter dans la brousse les Camerounais qui marchent pour exiger le respect de nos droits à tous que le gouverneur du littoral Francis Yengo sera sans doute promu ministre bientôt, lui qui réveille la ténébreuse histoire des déportations chez nous. 'Déportez-les!' ordonne-t-il. Et le plus sûr sans doute, c'est de le faire par train! L'autre jour il aura ainsi fait arrêter Mboua Massok et ses compagnons, et sera allé les jeter dans la brousse de Dizangue. Il l'avait déjà fait en février 2011. Et ce n'était pas la première fois: déporter ceux avec qui il n'est pas d'accord, c'est mieux que les emprisonner pour avoir marché, se dit-il sans doute.

Voilà où nous en sommes quand un régime est aux abois: dans sa précipitation pour se sauver, il transforme des officiers d'Etat en instruments de son ignominie. Dans son dédale, il nous plonge tous dans les horreurs de l'histoire infinie des crimes. C'est que les Camerounais, tous les Camerounais, ne peuvent que secouer la tête au mot 'déportation'. Comment donc? Le train de la mort est encore dans le souvenir de chacun de nous, et surtout des plus âgés, l'image même de la véritable déroute de l'Etat camerounais, quand mis au service d'un homme et de son parti-père du RDPC, l'UNC. Et nous savons, oui, nous savons: ils sont nombreux, des Camerounais qui périrent ainsi dans la suffocante obscurité de ferrailles et de rails, dans le silence de la forêt, sur le chemin de leur déportation vers les bagnes ignobles.

Mais la déportation c'est aussi l'histoire du njockmassi; c'est la fabrique même de ces rails; c'est la construction même de ces chemins de fer sur lesquels des centaines de Camerounais périrent, emportés sur les chantiers des travaux forcés, et de l'émigration obligatoire. Allez donc à Nkongsamba et demandez à chacun de ces enfants de la déportation si ce crime n'a pas inscrit dans leur corps, que dis-je corps, dans leur généalogie la profondeur de l'ignominie qui est notre passé! Il faut peut-être aller jusqu'à cette autre déportation qui fit de Douala, à partir de Fernando Pô, le point de chute de bateaux négriers! Oui, il le faut peut-être pour faire comprendre à ces préfets et gouverneurs qui se frottent les mains à l'idée de déporter des Camerounais qu'ils jouent avec une braise brûlante que doucement ils enfoncent dans la plaie rouge encore qu'est l'histoire de notre pays, ah! Allez le leur dire!

Le renouveau, ce n'est pas le nazisme, me dira-t-on. Non, Paul Biya n'est pas Hitler, ajoutera-t-on. Sa moustache à lui, il la taille de manière différente, et la teint d'ailleurs. En 29 ans il a certes renforcé l'apartheid linguistique qui sévit chez nous en inscrivant Jacques Fame Ndongo, le ministre de la communication de son parti, le RDPC, et le général Nkoa Atenga, aux programmes des écoles anglophones. Il n'est pas un négrier non plus, me dira-t-on aussi, et encore moins un colon. Très bien, tout au moins, répondrai-je, il a été un indigène. C'est donc lui qui avec ses 80 ans, à la différence des Camerounais dans leur majorité jeune, se souviendrait mieux de l'histoire douloureuse de la déportation dans notre pays. N'a-t-il donc pas vu jadis, dans son Mvomeka'a natal, ex-indigène qu'il est, ces colonnes de nos grands-parents qui étaient arrachés de chez eux et menés dans les lointaines plantations contre leur gré, et qui marchaient le plus souvent aux bords des chemins avec les fers aux pieds? Est-il donc si écervelé? Pourquoi, mais pourquoi permet-il donc que ses gouverneurs traitent des citoyens camerounais comme s'ils étaient des indigènes? A moins qu'il ne se trompe de génération. Et si c'était le cas, un type qui traite les citoyens que nous sommes en indigène ne mérite pas de présider notre destin. Bèbèla.

(2011)

10.

Et si Obama était Camerounais?

J'ai fait campagne pour Barack Obama, dans la ville de Baltimore, au Maryland. Bref, je suis allé de maison en maison, dans le quartier qui m'était assigné par le comité de soutien du candidat démocrate, avec le matériel nécessaire, prospectus, posters, liste d'électeurs, pour convaincre les sceptiques qui ne voulaient pas encore voter pour lui. Citoyen Camerounais, je n'ai bien sûr pas le droit de vote dans le pays de l'oncle Sam, mais je me dis toujours qu'il est des moments historiques dont on n'a pas le droit de n'être informé que par les journaux. Le fait que j'ai traversé les années de braise au Cameroun, que ma conscience politique se soit éveillée dans le silence des villes mortes, c'est-à-dire que j'aie vécu la distorsion par nos medias de l'histoire du Cameroun qui se faisait tous les jours devant nos propres yeux, y est pour beaucoup dans ma volonté de toujours être moi-même témoin de l'histoire. Après tout, je suis écrivain. Or la candidature d'Obama à la plus haute fonction politique sur la terre est un moment historique. Bien sûr, comment le cacher?, il y a ce côté personnel, nationaliste, je l'avoue, qui veut que, le nom Obama étant camerounais, je me sois dit qu'il m'était important d'aller battre campagne pour mon frère, car après tout, Obama est mon frère.

Obama, mon frère? C'est ici que j'ai commencé à réfléchir, et donc, à avoir des doutes. Si Barack Obama était Camerounais, serait-il vraiment mon frère, moi qui suis certes né à Yaoundé, mais suis bamiléké? C'est intéressant que dans les medias du pays, les voix éditoriales qui s'élèvent pour de loin analyser la politique du candidat américain à la Maison Blanche posent des questions dont la banalité révèle le fait que nos analystes politiques ne sont que l'écho de questions qui ne les concernent pas. Ainsi il y en a qui jurent que les États-Unis, pays foncièrement raciste, ne sont pas prêts à élire un président noir, alors que ce pays contre toute attente, des douze candidats à l'investiture, dont onze blancs, a justement choisi le noir! Il y en a qui grelottent de peur, se disant certains qu'Obama sera assassiné par des 'racistes blancs', quand ceux-ci ont dans l'histoire des États-Unis, si nous commençant le décompte avec Abraham Lincoln, sans distinction assassiné des politiciens progressistes blancs comme noirs. Au fond ces interrogations peu inspirées m'intéressent beaucoup moins que la question simple: Obama aurait-il pu être Camerounais? Or à cette question, ma réponse ne peut qu'être négative.

D'abord, s'il était Camerounais, Barack Obama aurait un problème sérieux d'origine, notre Constitution et notre Code électoral étant de loin plus ségrégationniste que la Constitution et le Code électoral américains. Né à Hawaii, et ayant grandi un peu partout mais surtout en Indonésie, le pauvre Barack Obama serait, selon les lois camerounaises, un allogène dans l'Illinois dont il est aujourd'hui le sénateur, et donc fondamentalement, la possibilité même de sa candidature serait problématique. Ironie du sort, ce serait plutôt Hillary Clinton, cette autochtone de l'Illinois et plus précisément d'ailleurs de la ville de Chicago où elle a passé son adolescence, qui aurait le siège sénatorial de Barack. Ainsi disqualifié à concourir par des lois moribondes, Obama n'aurait même pas à montrer ses talents dans son propre pays, celui-ci ayant fait de lui un étranger malgré l'immensité de ses talents que l'on voit. Inutile de dire que son père soit Kenyan l'aurait tout simplement rendu inéligible, nos lois insistant très précisément sur le fait que les parents du candidat à la magistrature suprême soient de nationalité camerounaise eux-mêmes. Pour emprunter à la Côte d'ivoire un vocable de l'infamie, la nationalité d'Obama aurait été douteuse, et de loin nous pouvons déjà voir comment elle aurait été utilisée comme arme politique pour le taire, quand dans le pays de l'oncle Sam au contraire, elle est son atout.

La première question qui certainement vient à la tête de toute personne la première fois qu'elle entende parler d'Obama est: 'il sort d'où, celui-là?' Question bien camerounaise qui révèle autant l'élitisme de notre conception du politique, que l'impossibilité actuelle chez nous de fabriquer de nouveaux personnages publics. D'abord l'élitisme: il est bien facile aujourd'hui de dire que Barack Obama est un diplômé de la célèbre Harvard University. En 2004 cependant, lorsqu'il tenait son premier discours national lors de la campagne de John Kerry, personne n'avait jamais entendu parler de lui. Même les chaines de télévisions nationales n'avaient pas trouvé nécessaire de le faire passer en live! Pourtant aujourd'hui toutes se sont ressaisies, car elles ont compris qu'il n'est pas stratégiquement bénéfique pour les forces du changement de ne se perdre que dans des diatribes contre l'administration de Bush. L'espace occupé à insulter Bush est un espace refusé aux forces qui veulent prendre sa place. Et que ce passe-t-il chez nous? Depuis vingt ans il n'est pas de semaine que le dictateur de chez nous, si ce ne sont ses ministres, ne fassent la une des journaux tant publics que privés! Il suffit à un Abah Abah de tousser dans sa cellule, pour faire la une de *Le Messager,* de *Mutations,* de *La Nouvelle Expression,* et de *Le Jour* tous ensemble. Mounchepou peut même de sa cellule s'imposer à la une des journaux! Or les visages d'honnêteté qui pourraient prendre leur place, et qui d'ailleurs le font, sont absents des vitrines de notre scène publique!

La vérité c'est que Barack Obama, c'est l'opposant politique le plus médiatisé de la planète – et peut-être aussi le plus charismatique! Aux États-Unis, ses meetings regroupent des milliers de personnes dans des stades, contre des centaines seulement dans des petites salles pour le candidat du pouvoir, le républicain John McCain. Alors, s'il était Camerounais, notre très cher Obama, nous pouvons jurer – inch'Allah! – que le gouverneur de la province du Littoral interdirait ses meetings sous le prétexte que ce sont des manifestations interdites, susceptibles de troubler l'ordre public. Nous pouvons déjà imaginer les forces de sécurité rendant la vie impossible à ses militants si joyeux; nous pouvons imaginer les sbires du RDPC occupant les medias d'Etat pour le traiter de tous les noms (pire que les quelques mots sales qu'a utilisé Clinton!), dénigrer sa famille expatriée, et tout le reste. D'ailleurs nous pouvons imaginer Barack Obama être arrêté, et condamné à six mois de prison, comme ce fut le cas en février pour ceux qui osèrent critiquer le régime de Biya. Nous pouvons l'imaginer croupissant à Kondengui, son génie languissant au milieu de cancrelats et des urines, pour avoir osé rêver d'un Cameroun plus beau, plus grand et plus fidèle aux rêves de ses habitants, et pour avoir osé faire dire à ses supporters qui n'attendent que cela, le slogan qui aujourd'hui aux Etats-Unis et devenu un mot de passe de tous ('Yes we can!'), comme jadis chez nous le mot: 'power!' disait tout. Ah, Obama ne peut pas être Camerounais, car sinon la police de Biya l'arrêterait et lui donnerait une de ces fessées nationales dont même ses ancêtres se souviendraient encore des années après!

Pourtant, on le sait déjà, il ne suffit pas de dire: 'Biya doit partir!' Il faut aussi en même temps fabriquer des figures publiques neuves qui rendent, par leur intelligence et par leur sagacité, le souvenir même de Paul Biya insultant pour tout Camerounais qui se respecte. Et ce travail patient et systématique de préfabrication de la scène publique est le devoir des medias. Là où aux Etats-Unis la figure d'Obama a été pendant plus de trois ans le produit d'une campagne médiatique des plus systématiques, surtout de la chaine de télévision MSNBC, et de son antenne magazine *Newsweek,* comme jadis celle de Bush avait été propulsée par les éditoriaux scandaleux de la chaine Fox news, au Cameroun, notre presse, nos radios, nos télévisions, se perdent dans le bavardage et dans les clips de coupé-décalé, pour se réveiller au seuil des élections et se rendre compte que les mêmes personnages que nous décrions sont ceux-là qui concourent encore! La conséquence de cette trahison véritable des medias camerounais, bref, de leur coup de couteau dans le dos des forces du changement, c'est le pathétique de notre scène politique. Notre presse est-elle si inconsciente? Se regarde-t-elle jamais dans le miroir de la déconfiture de notre opposition nationale? Car avec dix-huit ans de différence, notre pays ne peut montrer que les visages qui durant les années de braise sont apparus en public, et les émeutes de février ont été rendues possibles par le même homme qui il y a dix-huit ans, l'âge d'une génération, avait lancé les années de braise: Mboua Massok. Ainsi nous vivons le pathétique d'une scène publique nationale coagulée depuis dix-huit ans autour de personnages préhistoriques qui chacun en sa manière fait honte à tout Camerounais qui se respecte, mais dont chacun se demande comment se débarrasser: Paul Biya, John Fru Ndi, Ndam Njoya, Bello Bouba Maigari, les cheveux blancs et les poches remplies de milliards en plus.

Le plus sublime dans le parcours d'Obama aura certainement été sa capacité de répondre aux appels de l'histoire. Ainsi lui, cet enfant pauvre, encore politicien local, à la biographie plutôt désavantageuse, que donc rien n'aurait destiné à poser sa candidature à la magistrature suprême de son pays, aura 'saisi son cœur', comme on dit dans ma langue, et se sera jeté dans la course historique de son temps. A côté de l'ambition personnelle, il aura répondu à l'appel de la scène publique qui d'une certaine manière en lui aura vu la matérialisation possible du changement voulu. Et je me rappelle ici ces moments de doute qui précédèrent sa décision de déposer sa candidature à l'élection présidentielle. Chez nous au Cameroun au contraire l'impasse politique que nous vivons est le fruit du profond manque de courage de ces quelques personnages qui au fil des années auront eu l'oreille de la cour. S'il est clair, ainsi, que le discours d'Obama lors de la convention des démocrates en 2004 lui aura donné la plate-forme nationale dans son pays quand sans aucun doute son rêve personnel même s'il était politicien, n'était certainement pas de concourir pour la position de président des Etats-Unis, au Cameroun, la fortune d'une lettre ouverte à Paul Biya aura donné à un Célestin Monga une plate-forme plutôt similaire mais dont il n'aura en dix-huit ans fait un usage bien médiocre. Quel gaspillage chez ce dernier des espoirs publics! La faveur d'une bourse américaine obtenue dans la poussière des années de braise aura certes facilité sa carrière et son ascension personnelle, mais là où avec Obama le parcours se sera fait dans un ricochet plutôt public, pour le cas camerounais le rêve intellectuel n'aura jamais été aussi flou. Et c'est peut-être ici que la trahison des personnages révélés dans la scène publique camerounaise au cours des années de braise assoit encore plus le dictateur dans la longévité, car ne répondant pas aux appels de la cour, elle laisse la place à l'infamie. Comparer l'apparition publique et les espoirs portés par un peuple sur Obama et Monga pourra peut-être montrer à chacun d'entre nous le lieu où la longueur du courage se trouve, et surtout combien la décision de sauter sur les limitations de sa seule carrière personnelle peut propulser l'histoire de tout un peuple quand celui-ci appelle.

Ce que cette comparaison ne pourra pas dire, cependant, c'est que le Code électoral camerounais actuel, en excluant toute candidature de la diaspora, condamne tous ceux qui s'y trouve à politiquement ne jouer que le rôle de figurant, même si à la plume alerte. Ah, Monga l'aurait-il su qu'il n'aurait peut-être pas écouté en 1991 l'ambassadrice américaine Cook qui lui ouvrit les portes de l'exil! Mais nous l'avons compris entre-temps, dix-huit ans après: il veut être un long crayon à la Mongo Beti, même si des bureaux d'une institution aussi questionnable que la Banque mondiale. Il demeure cependant que la dictature est une diarrhée; on n'en guérit pas à force d'incantations.

(2008)

Bruits et fureurs

1.

Ce que nous voulons pour le Cameroun

1. Que l'inscription sur les listes électorales soit liée à l'établissement de la carte d'identité.

2. Que les Camerounais vivant à l'étranger aient le droit de vote et soient éligibles.

3. Que les élections présidentielles et législatives aient lieu en fin octobre 2011.

4. Que Paul Biya ne soit pas candidat à l'élection présidentielle d'octobre 2011.

5. Que la nouvelle assemblée issue des élections d'octobre 2011 vote une nouvelle Constitution pour le Cameroun.

6. Que la nouvelle Constitution limite le mandat présidentiel à quatre ans renouvelables une seule fois.

7. Que la nouvelle Constitution adopte un système fédéral pour le Cameroun.

8. Que le Senat soit effectif et basé sur une représentation par province des populations camerounaises.

9. Que le président de la république du Cameroun ne soit plus au-dessus de la loi.

10. Que le droit citoyen d'interpeller toute autorité soit protégé par la Constitution du Cameroun

2.

La démission intellectuelle Leçons d'un voyage au Cameroun et au Gabon

C'est commettre une erreur grave de jugement de croire que dans les pays d'Afrique, le Cameroun et le Gabon en particulier, le problème politique véritable aujourd'hui, c'est comment chasser les dictateurs. La véritable catastrophe, et elle est palpable dans nombre d'autres pays aussi, c'est la débandade de l'opposition, qui elle, est assise sur la démission de ceux-là qui de part leur position, leur engagement, et leur force de pensée, sont sensés inventer une manière différente d'entendre, de définir et de pratiquer le politique, et témoigner de la respiration quotidienne des dignités communes: nos intellectuels. Si comme Eyadéma et autres, Bongo peut impunément rectifier la Constitution de son pays, pour se réinstaller dans un fauteuil qui ne lui revient plus du tout; si Eyadéma – encore lui! – peut acheter des pages publicitaires dans des journaux parisiens pour dire au monde que les ignares, c'est ceux-là qui condamnent son infamie qui fait curieusement école en Afrique centrale; si en 2003 un être de raison dans un village ou dans une ville du Cameroun peut encore, sans honte vraiment, retrouver les phrases d'une motion de soutien ahidjoiste pour demander, non, pour exiger la candidature de Biya aux présidentielles que ce dernier est sûr de gagner après vingt années d'exercice du pouvoir, et, si une population bien-pensante s'accorde tacitement, ici et là, à plébisciter tous ces *nosferatu* de nos arènes publiques, cela nous montre s'il en est encore besoin, que l'heure est grave.

Quand aucune alternative véritable n'est présentée aux populations, elles penchent nécessairement pour le maintien du *status-quo*, pour la réélection du même, celui-ci devenant ainsi la seule réalité possible: imaginable. Cette leçon de réalisme est valable pour tous les pays: les dernières élections présidentielles françaises sont un modèle ici, car au fond elles nous ont montré que les mécanismes du maintien au pouvoir des potentats, de tout potentat, sont asticotés et huilés pendant les vacances de l'opposition; elles nous ont montré que la majorité présidentielle, toujours un ramassis d'opportunismes, en France comme chez nous, se bâtit avant tout sur la déroute de ceux-là dont la fonction première est d'investir leur intelligence pour fabriquer la différence, et ainsi fonder le changement véritable. Le silence des démocrates devant la montée des pontifes à la piété violente et ultra-nationaliste aux Etats-Unis, est un autre modèle édifiant pour analyser et répondre à la question grave qui hante l'esprit quand on se promène à Yaoundé aujourd'hui, 'comment des gens comme Biya font-ils pour se maintenir au pouvoir si longtemps dans un pays comme le Cameroun'.

A travers nos deux exemples, il est clair qu'une opposition, une intelligence critique porteuse de la volonté de changement, qui dans son comportement, dans sa pratique quotidienne, ne fait pas la différence, et ainsi sème le doute sur ses potentialités réelles de renversement de la balance, ne peut pas ne pas répondre elle aussi par après, de l'envahissement de la pègre à qui elle aura laissé volontairement le terrain libre.

Devant la restauration des dictatures chez nous, devant le retour des plébiscites, devant la montée de l'unanimisme, même le ponce-pilatisme est un soutien au même. On sourit quand un homme ayant orchestré une campagne ‚Bongo doit partir', BDP, après une rencontre avec le président gabonais, déclare à la télévision avoir retrouvé le ‚bon chemin'; on sourit, mais c'est parce qu'on n'a jamais cru en cet homme, et surtout, c'est parce qu'on n'arrive pas à croire qu'il ait jamais été porteur d'alternative. On sourit, alors qu'on aurait dû pleurer, vraiment, car chez nous, la démission intellectuelle des forces du changement a lieu là où la nécessité de faire la différence est entre-temps devenue plus que cardinale: vitale. On aurait dû pleurer, car cette démission devient dangereuse même, elle qui en assoyant le potentat, abandonne son rôle de porteur de volonté de changement aux aventuriers de tous acabits, qui ici et là ne reculent même plus devant les génocides dans leurs macabres chevauchées, aux chefs de guerre les plus sanguinaires qui ne tremblent même plus devant l'innocence des enfants, et aux diamantaires les plus véreux pour qui même les mains des vieillards n'ont plus de valeur; on aurait dû pleurer, tant il est vrai que la sclérose de la voix de l'opposition rend presque inévitable l'irruption de cette violence-là, et même – ô! – la couvre du masque de la différence.

Faire la différence? Il est clair qu'il n'y a rien de plus difficile dans nos pays en lesquels chaque habitant est d'une manière ou d'une autre un clone du président; en lesquels dans leurs gestes quotidiens, les gens singent le pouvoir au point de ne même plus s'en rendre compte (demandez donc aux jeunes Camerounais pourquoi ils aiment tant les vestes, et surtout les bleu marine!); en lesquels les rêves intellectuels de ceux qui du creux de leurs bibliothèques, du vocal de leurs amphithéâtres, ou même des productions artistiques qu'ils ont réalisées, ont fait miroiter un instant l'illusion de la différence, très vite se laissent coaguler dans la confortable climatisation des bureaux ministériels du dictateur!

Faire la différence? Quand donc y penser, quand il est évident que le chemin de Damas laissé à l'intelligence critique est la cooptation par les structures du diktat et non la reconnaissance de son invention têtue, dans le quotidien, d'une autre forme d'être et de vie. Et à quel prix faire donc cette différence, quand la francophonie africaine, par exemple, ne manque pas de cas édifiants, elle qui a toujours encensé les poètes-présidents, écrivains-ministres, cinéastes-ministres, poètes-pétroliers de toutes nos dictatures, et en ne donnant en quarante ans aucun prix littéraire à un Mongo Beti, a montré ce qu'elle réserve en reste à ceux-là qui chaque jour, chez nous, osent vivre différemment et ainsi, fonder une alternative à cela qui est encore notre réalité: le *status quo*. Et puis d'ailleurs, comment vraiment faire la différence quand on profite soi-même déjà, tout jeune qu'on est, de l'indifférence du potentat qui laisse tout le pays s'installer dans le faux?

La démission de l'intelligence, visible chez les jeunes comme chez les politiciens de l'opposition n'est que l'épitomé du désastre beaucoup plus grand qui rend la énième réélection du potentat au Cameroun et au Gabon quasiment inévitable, sauf en cas de mort naturelle. Or les énergies porteuses de volonté de changement sont encore là, persistantes, cuisantes et nombreuses, répondantes et prêtes à agir: les associations pour le bien commun, les personnes engagées, les dignités têtues, les êtres de bon sens, les courages quotidiens, les consciences blessées, les illuminés et rêveurs, les fous que tout le monde écoute et même les rages soudaines des bonnes volontés, comme ces *ben-skins*, ces conducteurs de mototaxis de Douala qui, le 9 juillet, se sont retrouvés en une solidarité soudaine, embrasés par le corps d'un des leurs supplicié par la police. Le terrain de leur action, sporadique ici, certes, mais nécessairement plus structuré pour avoir une portée beaucoup plus profonde, n'impose sa fertilité qu'au bout d'une vigilance permanente. Car seuls les yeux toujours éveillés de ces sentinelles de toute démocratie moderne sont le garant d'un changement véritable. Le singulier des écrivains et des artistes dans ce conglomérat pulsif de notre commune humanité est certainement que, dans leurs œuvres, ils peuvent rendre vocales les paroles de ces intelligences du quotidien: de ces dignités fermes; ils peuvent aussi marcher avec elles. Leur démission, elle, ne peut qu'être trahison; trahison comme celle de l'opposition camerounaise qui, après le 9 juillet, ne trouva presque aucun mot pour se mettre aux côtés des *ben-skineurs* et qui à la veille de l'élection présidentielle, ose se présenter à eux, sans honte, vraiment, comme porteuse de leur volonté de changement!

(2003)

3.

Le Talon d'Achille

Grand-frère,

J'ai pris du temps pour vous écrire cette lettre parce qu'il me sera toujours difficile de vous apporter la contradiction. Vingt ans de lecture assidue de vos œuvres font qu'elles soient dans ce bagage qui m'a appris à penser différemment, et à questionner mes ainés: même cette lettre-ci respire donc ma profonde dette envers vous. Elle en est l'expression. Pourtant je me suis rendu compte, après avoir lu une de vos récentes chroniques dans le journal *Le Messager*, que par honnêteté intellectuelle, j'avais l'obligation de vous dire que vous vous trompez: de vous le dire en tant que Camerounais. C'est que la lecture de votre texte sur 'la question anglophone' n'a cessé de me hanter, pas à cause de la gravité de la question que vous abordez, mais à cause du manque de sérieux de votre argumentation. Mais peut-être avez-vous voulu tout simplement provoquer le débat? Si c'était le cas, eh bien c'est réussi. Pourtant en même temps la désinvolture, je dirai d'ailleurs, le déraillement de votre argumentation sur la question anglophone, est symptôme de toute l'intelligence francophone camerounaise qui se retrouve toujours édentée devant ce sujet, et ne répond aux requêtes anglophones que par le silence coupable, le sourire agacé ou le violent discrédit, et en cela, curieusement, comme vous, se range étonnamment dans le camp du pouvoir actuel dans notre pays, qu'elle combat pourtant si vivement ailleurs.

Quand une question est mal posée, les réponses qui lui sont apportées ne peuvent qu'être insatisfaisantes. Voilà à mon humble avis le problème de votre analyse. Car la question anglophone n'est pas une question de citoyenneté mais de droits des minorités. Les revendications politiques, vous le savez mieux que moi, parlent un langage bien singulier, mais dans la plupart des cas, la position extrême en leur sein, sert tactiquement à rendre un peu plus visible le cœur du problème qu'elles posent, et qui autrement n'aurait pas été entendu. Curieux il est ici, que vous qui avez ouvert notre intelligence à la sagesse du langage quotidien, vous fermez dans votre analyse de la question anglophone à cette conception des rues de Bamenda qui nous dit, *'those who make peaceful change impossible, make violent change inévitable'*, quant au fond, paraphrasée un peu, elle nous montre si clairement que la question anglophone ne se pose pas en trois voix qui s'opposent, mais qu'au contraire, ce sont ceux qui rendent l'autonomie des provinces anglophones, et de chacune des régions du Cameroun impossible, cela malgré la création d'un Sénat chez nous, qui rendent le mouvement sécessionniste anglophone inévitable. Curieux il est, que vous dont la logique a su, pour analyser l'implantation de l'UPC et la revendication d'indépendance du Cameroun, se fondre dans la réalité souple de nos vies bancales, ne pouvez pas voir, mais le voulez-vous?, que c'est la surdité de Yaoundé qui rend le radicalisme du Southern Cameroon National Council (SCNC) possible; que c'est la politique de Biya qui lui donne les conditions de son existence; et que c'est le lâche sourire d'Etoudi qui a rendu même la déclaration d'indépendance nécessaire le 30 décembre 1999! C'est de ce point de vue, dialectique, que la question anglophone se pose plutôt en termes d'une minorité qui veut avoir sa voix entendue: qu'elle se pose donc en termes de droits des minorités chez nous.

Il est fallacieux, bien sûr, de dire que revendiquer une identité anglophone est illogique à cause de la brièveté de l'expérience coloniale qui la fonde. Nous savons tous en effet que les identités sont construites par des conditions politiques et sociales précises. Fallacieux il est tout aussi, de croire que la question anglophone se dissoudra dans la commune mesure de la pluralité ethnique du Cameroun, par-delà la division bilingue de notre pays. C'est que vous, moi, nous tous avons l'obligation de distinguer les minorités dans leur caractère symbolique, du fait de leur existence sociale réelle et ethnique. Si en Allemagne, par exemple, des dizaines de groupes ethniques, les bavarois, saxons, thuringiens, rhénans, etc., tout comme une histoire bien particulière, ont rendu nécessaire une vision plutôt fédéraliste de la 'République', les habitants de l'ancienne Allemagne de l'est, les 'Ossies', n'ont eu besoin, eux, que de quarante ans, comme les anglophones de chez nous, pour se forger une différence qui, sans être ethnique, n'en est pas mois devenue politique et a d'ailleurs imposé ses formes de représentation et d'action dans la sphère publique; si les Etats-Unis sont un conglomérat de groupes, asiatiques-américains, italiens-américains, Chicanos, allemands-américains, africains-américains, etc., ce sont les Noirs qui ont entretemps acquiert, de par leur expérience particulière de l'exclusion, le statut de minorité symbole. Et le Nigeria: comment autrement entendre l'élévation des Ogoni au-dessus des quatre cent autres ethnies de cette fédération tumultueuse, sinon à cause de leur statut symbolique? Entendons-nous: les anglophones au Cameroun sont dans la situation singulière d'être liés à une culture qui à l'échelle planétaire est clairement dominante, du moins par rapport au français, et de vivre en même temps une situation ironique de dominés dans leur propre pays. Dans ce monde à l'envers qu'est le Cameroun, la majorité de fait devient ainsi minorité symbolique, comme, dans une autre échelle, les femmes, cette autre majorité de fait, sont une minorité symbolique en politique, et traitées comme tel en termes de droits.

Que vous ne voulez pas voir ces évidences est curieux, du moins pour moi qui ai l'habitude de la profondeur de vos analyses. Curieux encore plus lorsque vous voyez la proximité du Nigeria, qui donne une force de pression réelle, et donc un pouvoir dérivé, à la minorité anglophone au Cameroun, comme un danger pour notre République, danger dont pour exprimer le vocabulaire, vous puisez dans les rancœurs entre la France et l'Allemagne ('ennemi naturel') qui ont coûté au monde trois cent ans de guerre et des millions de morts. Oui, curieux quand pour vous la solution à la question anglophone c'est autant l'approche guerrière que le renforcement par la violence de cette de République-ci que nous avons, et qui a déjà montré sa totale faillite, justement sur la question anglophone! Je dis que votre position est curieuse, car elle ne tient pas en compte le fait que les revendications anglophones sont une quête légitime d'une autre forme de République, et donc, d'une Nouvelle République; qu'elles sont ainsi ancrées dans une quête bien ancienne, dont pour nous vous avez tracé l'histoire dans les pays bassa et sur les plateaux bamiléké, histoire qui pourrait sans peine remonter jusqu'à la lointaine dissidence de Douala Manga Bell et Martin Paul Samba en 1914. Le curieux de votre analyse m'oblige pourtant à vous poser quelques questions, car vous qui avez enseigné dans quelques-unes des universités les plus renommées de la planète, comment se fait-il qu'à votre pays qui n'arrive déjà pas à scolariser, à nourrir et à soigner sa jeunesse, vous proposez plutôt, pour résoudre la question anglophone, de se constituer une armée de frappe et une flotte aérienne pour terroriser ses voisins? Est-ce pour nous faire rire? Comment se fait-il qu'à ce pays, le nôtre, à la paix déjà si fragile, vous qui avez si savamment analysé la logique violente de notre histoire, proposez comme futur l'exemple du Rwanda, ce pays meurtri et meurtrier qui n'a pas encore répondu du génocide qu'il a organisé dans la RDC? Est-ce pour nous faire pleurer? Oui, comment se fait-il que vous qui dans les revues internationales, êtes reconnu comme le chantre africain de la globalisation, dans un journal de votre pays, vous proposez plutôt la culotte courte du nationalisme belliqueux? Est-ce pour nous irriter?

Comment pouvez-vous vous tromper autant de fois dans un seul article? Nous savons qu'aujourd'hui, la démocratie ne se mesure plus par la puissance de frappe qu'elle met à faire respecter sa rationalité, car sinon alors les Etats-Unis donneraient vraiment des leçons de démocratie à la terre entière, mais par l'urgence qu'elle met à respecter les droits des minorités. La France l'apprend à ses dépens ces derniers jours: nous le voyons. Or nous savons tous: la question anglophone est le talon d'Achille de notre démocratie. La République du Cameroun ne pourra jamais étaler sa grandeur en montrant la perfection de ses institutions, même si celles-ci sont bâties au bout du canon, même si celles-ci sont bâties sur la chair et dans le sang de nombreuses personnes; mais c'est le support qu'elle apporte au droit à la différence, quelle que soit la forme dans laquelle celle-ci s'exprime, qui sera toujours l'étalon de mesure de sa santé politique. Or nous savons que notre pays est gravement malade, malade de la gestion de la question anglophone! Comment le guérir? Plus que la France dont le modèle de la République semble dicter votre analyse, c'est peut-être l'Allemagne qui vient d'élire comme chancelière une 'Ossie', de cette nouvelle ethnie allemande donc, nouvelle comme les anglophones sont une nouvelle ethnie camerounaise, qui devrait nous faire réfléchir. Nous en avons l'obligation! Devant nos yeux, le Cameroun fabrique dans les anglophones, pas à pas des citoyens de second ordre. Demandez donc à chaque Camerounais s'il croit qu'un anglophone sera un jour président de la République du Cameroun, et sa réponse sera évidente: négative. J'ai posé cette question à Bamenda en mars 2005, à un parterre tant francophone qu'anglophone; la réponse, unanime, n'a pas contredit mes soupçons. Et ceci n'est qu'un exemple. Or vous dont la vie s'est enrichie de l'expérience autant américaine que sud-africaine, qui donc avez vu de multiples visages du destin des minorités, quand vous serez au Cameroun, prenez le temps de vous promener dans le Sud- et dans le Nord-Ouest. Vous verrez qu'il n'y a rien de plus hideux, de plus arrogant, de plus scandaleux, de plus méprisable, car de plus bête, qu'un francophone, quand il est à Limbé ou à Buéa, et je suis d'ailleurs sûr que vous en reviendrez défenseur du SCNC, comme je le suis devenu. C'est qu'en réalité, vu l'évolution des choses, toute intelligence critique camerounaise ne peut que défendre la cause anglophone, et même être avocat du SCNC!

Au fond cette défense de la cause anglophone ne peut pas n'être qu'un geste de générosité: c'est un devoir intellectuel de gratitude, car qui n'a pas encore oublié, mais le pouvons-nous jamais?, que les premiers Camerounais qui ont donné leur vie pour la démocratie sont morts, en mai 1991, à Bamenda, sait que ce sont avant tout les anglophones qui ont, en posant publiquement leur problème, fabriqué notre présent. Ne nous trompons pas: la maturité de la démocratie chez nous sera atteinte, pas par l'invention d'une encore plus grande classe intellectuelle, d'une société civile donc, et surtout pas quand notre République coupera les jarrets aux anglophones indépendantistes, achèvera d'emprisonner ses leaders, même quand ils sont des vieillards comme le Chief Ayamba Ette Otun, ou alors quand elle s'élancera dans une guerre régionale pour satisfaire la fierté de quelques-uns d'entre nous, mais quand elle aura bâti des structures pour gérer dans le dialogue les différences qui font le corps de notre société. Si ceci passait jusqu'en 1991 par la légalisation effective de l'UPC, aujourd'hui c'est la reconnaissance des droits de la minorité anglophone qui en est la précognition, et cela nécessite en même temps, une vision de la République qui s'éloigne du modèle jacobin imposé sur nos têtes par la seule France. Et n'est-ce pas ce que les anglophones nous demandent, en fin de compte? Dans leurs voix étranges pour certains, parfois cacophoniques, paradoxales, mais dans la majorité toujours très paisibles et définitivement salutaires, ce que les anglophones revendiquent donc, et ceci, loin d'être une question, est une offre de solution au *problème national camerounais*; ce qu'ils revendiquent donc, c'est d'être reconnus en leurs propres termes dans notre commune République: ils revendiquent le droit minimal de tout citoyen d'un Etat qui se respecte, et cela deviendra sans nul doute bientôt le seul gage pour maintenir la déjà si fragile paix civile dans notre pays. C'est que autant la question anglophone a aidé en 1991 à construire un Cameroun dans lequel aujourd'hui une pluralité de partis politiques, dont le longtemps interdit UPC, font bataille, bref, à démocratiser notre présent; autant elle peut être au début de la destruction effective de notre pays dans le futur. Les modelés Erythréen, et même ivoirien, seraient ici des éventails. Plus que le silence coupable, le sourire agace ou le violent discrédit de l'intelligence francophone, c'est toute notre sagacité qu'elle interpelle, et encore plus, c'est notre soutien qu'elle attend.

Sincèrement,

(2005)

4.

Pauvre Monga!

On pourrait dire ceci: Osende Afana n'a pas seulement fondé la figure de l'économiste camerounais; il l'a aussi installée sur un piédestal si tragique que toute personne venant après lui ne voudrait qu'échouer à en être la manifestation. L'image de sa tête tranchée dégoulinante de sang, livrée sur un plateau à Ahmadou Ahidjo pour la bamboula du pouvoir de Yaoundé et de la France est la marque de ce que personne, oui, que personne ne peut sérieusement demander à quelque économiste de notre pays qui vient après lui, car la mort est la marque même de la fin de la pensée. Pourtant il a aussi désigné pour la tradition intellectuelle camerounaise, Osende Afana, ce qu'est le visage du succès intellectuel: et celui-ci est la symbiose de la pensée de l'économiste avec un projet politique clairement alternatif, bref, la formulation économique d'une vision alternative. Ce projet alternatif dont il a écrit les termes dans un ou deux livres, lui, en utilisant le vocabulaire du marxisme-léninisme, est ancré, on le sait, dans l'histoire la plus ancienne et la plus violente de notre terre. Pour le rappeler à notre intelligence, certains Camerounais écrivent le nom de notre pays avec K, aujourd'hui encore. C'est dire que ce rêve ancien n'est pas mort – ne mourra jamais, dit-on d'ailleurs.

C'est dur d'être un économiste camerounais, c'est évident, car si l'acte fondateur de cette science chez nous voulut qu'un bon économiste soit un économiste mort, la longueur du déni d'existence de l'âme immortelle du peuple camerounais depuis 1914 veut que tout économiste camerounais qui pratique sa science avec sérieux ait échoué en fin de compte. Entre-nous, comment peut-on se dire économiste et se frapper la poitrine, quand les statistiques les plus ronflants de notre pays sont comme on sait ceux de l'effondrement national, de la corruption astronomique, du gaspillage stupide, et finalement de l'anéantissement de nos richesses? Où sont-ils donc, les économistes camerounais? On dirait que le bon sens, et moins les sciences économiques, suffiraient à nous sortir des miasmes de notre dégringolade. Même ma grand-mère ferait mieux qu'eux, oui. Et pourtant! Je n'ai lu qu'un seul livre d'économie sérieusement, en réalité, *L'Economie de l'Ouest africain,* qui me dicta en 1993 les vers d'un très long poème dialogue sur Osende; et comme tout Camerounais de ma génération, j'ai vu l'espace de ma parole littéralement s'élargir avec la lettre ouverte de Célestin Monga à Paul Biya, en 1991. Au milieu de ces deux dates, j'ai rencontré Monga lui-même pour la première fois.

C'était aux murs de l'Hôtel Hilton. J'avais été frappé par le trouble de son regard, mais surtout par, je m'en souviens encore clairement, son manque particulier d'assurance de soi. Il me donna un peu le sentiment d'être traqué, ce que je pouvais comprendre, sans pour autant me l'expliquer. Je lui avais alors rapidement dit 'merci', m'imaginant qu'il saurait pourquoi. La deuxième fois, je l'ai rencontré à Ouagadougou. Une rencontre plutôt malheureuse, je l'avoue, car je sortais à peine d'une réunion avec des 'anciens parlementaires', comme on appelle ces anciens étudiants aux matricules 87 et 88 de l'université de Yaoundé, à qui la vie tragique s'il en est, n'a pas fait de cadeaux. M'arrachant du récit de leur infinie galère, je fus frappé littéralement par le luxe que respirait Célestin Monga, alors déjà employé à la Banque mondiale. La troisième fois où je l'ai rencontré, la fois dont il se souvient peut-être, c'était à Washington DC, dans un restaurant où j'avais été invité, malgré moi, par la cour de ses critiques-admirateurs qui enseignent aux Etats-Unis ou au Canada. De ces trois rencontres, la deuxième est restée gravée dans ma tête, à cause du contraste dans mon esprit de mes camarades de classe qui tiraient littéralement le diable par la queue, et l'éclat de Célestin Monga.

On ne peut vouloir à un compatriote son succès professionnel, même si ses mots ont donné des ailes à bien de bras et libéré bien de têtes à ceux de mon âge. Le boulot de Célestin Monga à la Banque mondiale, quelque soit sa hauteur où sa valeur symbolique, m'est cependant toujours apparu comme assis sur un profond échec intellectuel, bien diffèrent de celui qui lui aurait valu le sort macabre d'Osende Afana. Certes, me dirait-il, et il l'a fait, personne ne peut être responsable des crimes de son employeur. Pourtant le problème ici est autant la Banque, que ce que celle-ci représente. Car dans le fond, l'échec intellectuel de Monga n'est pas de forme, mais de fond, lié qu'il est selon moi à son incapacité à répondre de cet impératif qui dès l'acte de fondation des sciences économiques camerounaises, a situé celles-ci en symbiose avec la formulation d'une vision alternative. Et ici je ne parle pas de l'interrogation publique de sa lettre fameuse de 1991, au contraire; je ne parle pas non plus de cette frivolité qui est son style, plus ou moins, et dont il trace lui-même les racines chez l'essayiste cynique Cioran. Je parle de ceci qui est une évidence: qu'il est impossible de formuler une vision alternative crédible pour les économies de nos pays à partir de la Banque mondiale.

Il est facile ici de s'imaginer les hommes au pouvoir dans notre pays s'alignant devant ces institutions de Washington DC, pour asseoir leur pouvoir dans des formules qui sont devenues parties-prenantes de notre vocabulaire quotidien – 'initiative PPTE', 'point d'achèvement', etc. – et y rencontrant, qui d'autre que Monga? A part la revanche personnelle de notre économiste, l'inscription même de cette Banque au cœur de la formulation de notre futur retire à notre pays ce qui fonde son autonomie: le pouvoir de sa population. Après tout, cette institution est l'une des trois moins démocratiques de la terre! La déroute de ses formules est trop connue pour être débattue en ces lignes. Il n'est qu'à mentionner le fait que le pays même où elle se trouve, les Etats-Unis, en quarante-six présidents, n'a confié sa destinée qu'une fois à un économiste de formation, Georges W. Bush, et ce, avec les résultats qu'on sait.

(2007)

5.

Deux ou trois choses que nous avons apprises de lui

La mort a toujours quelque chose d'irréel, surtout quand elle frappe quelqu'un comme Mongo Beti, dont la vie aura elle-même été hors du commun; irréel surtout aux yeux des Camerounais de ma génération, nés après les indépendances et jetés à l'extérieur de leur pays avec les mouvements pour la démocratie; irréel parce que nous n'avons pas vraiment eu la possibilité de connaître l'homme Alexandre Biyidi que toujours nous aura caché l'écrivain Eza Boto/Mongo Beti. Comment donc! Ses premiers romans parlent d'une période de l'histoire du Cameroun que nous n'avons pas connue; ceux qu'il aura écrits après les indépendances montrent un visage du Cameroun que le régime de Ahmadou Ahidjo avait censuré, et lui-même sera en définitive rentré dans son pays au moment même où nous le quittions! Oui, notre vie aura été au croisement de la sienne, en définitive. Point d'anecdotes à raconter donc, point de souvenir d'avoir acheté des livres à la librairie de l'écrivain, 'La Librairie des Peuples Noirs', mais la conscience claire d'avoir appris à lire à l'école primaire avec des extraits de *Ville cruelle*, 'la récolte du cacao', d'avoir frémis au lycée avec Banda, le seul héros de Boto/Beti admis aux programmes scolaires de l'époque, la certitude de connaître encore par cœur les pages de *Ville cruelle*, ces pages-là où Banda déclare aimer sa mère 'comme tu ne peux pas le savoir', et puis le souvenir d'avoir vu la preuve que le Cameroun changeait en achetant en 1991 *Main basse sur le Cameroun* dans les rues de Yaoundé, au poteau, pour y découvrir, en l'insolence politique d'un style, la réalité de ce que pouvait être, non, de ce que devait être un écrivain.

Et voilà déjà citées les deux ou trois choses que nous aura appris l'écrivain, même dans l'irréalité de son existence pour nous, car au fond, les oeuvres d'un écrivain ne sont-elles pas les plus importantes pièces de son identité – de sa vie? Ces centaines de destins que Mongo Beti aura tracés dans notre conscience; ces Banda, Mor Zamba, Perpétue, etc. qui en leurs multiples visages nous auront toujours montré les hideuses formes de l'injustice, mais aussi nous auront indiqué les moyens de la contourner. Ces jeunes qui dans leurs histoires auront toujours fait parler notre propre sentiment d'être perpétuellement trompés par la vie n'étaient-ils pas déjà plus vivants, en leur révolte légitime, que l'écrivain au double pseudonyme qui aura rendu son nom propre inconnu, mais dont la légendaire irrévérence nous parvenait en coups de légendes? Fondamentalement, à vrai dire, Mongo Beti nous aura appris que la vie de l'écrivain ne compte pas, sinon dans l'investissement qu'il met à défendre la cause de la justice. Faut-il pourtant qu'il meure pour soudain nous faire nous rendre compte combien cette vie qu'il aura cachée derrière ses fictions et pseudonymes nous était précieuse? Ô, quelle perte! La passion de l'écrivain Beti a toujours le visage de ses quarante années d'exil certes, mais pour nous, aujourd'hui, elle a également la forme d'un amour qui fait s'écrier: 'aïe!'; d'un amour violent pour son pays natal. Car comment caractériser autrement la relation d'un auteur qui aura passé, disons-le, presque toute sa vie adulte en France, et n'aura pas trouvé ce pays digne d'étoffer un seul de sa dizaine de romans? Oui, ce qu'il nous aura appris aussi, Mongo Beti, c'est bien que l'Afrique est et reste entièrement à raconter, et que tout Africain, écrivain ou pas, qui ne s'y atèle pas laisse la place à ceux-là qui depuis des siècles la racontent à la place des Africains!

Mais surtout, il nous aura appris, Mongo Beti, que la place de l'écrivain est dans l'irrévérence devant le pouvoir, c'est-à-dire, que la parole de l'écrivain africain est et doit être profondément politique. C'est curieusement cette leçon qui est la plus difficile à retenir aujourd'hui, car ici et là on entend déjà des voix qui veulent voir une nouvelle écriture africaine moins réaliste, plus intimiste, plus fantastique, plus onirique, entendons: moins engagée. Ces voix naissent certainement du besoin de toute génération de se séparer de la précédente; c'est peut-être aussi la reconnaissance d'une perte de voix devant l'insistance têtue de toutes les injustices après déjà près d'un siècle de combat: c'est certainement aussi la voix du désespoir devant le chaos envahissant, la voix d'une génération épuisée à la vue seule de l'immensité de la tâche à abattre, une génération qui a grandi avec le désabusement de ses aînés. Pourtant si l'écriture naît de l'angoisse devant le visage oppressant du présent, si elle naît du constat de la laideur grandissante et du polichinelle de notre quotidien, il est une évidence que l'écrivain africain vit dans une urgence perpétuelle: l'urgence de dire le mal africain. Et ceux qui, comme moi, à l'école, dans les universités, ou ailleurs ont répété plusieurs fois leur 'récolte du cacao', l'ont eu en dictée préparée, puis finalement, un peu plus tard, ont découvert dans la profondeur de ce texte l'éthique de l'écrivain, ne peuvent qu'assumer la passion adimensionelle de Mongo Beti pour l'écriture. Car c'est certainement cela sa plus grande leçon: oui, nous a-t-il appris, quelle que soit sa tendance, l'écriture africaine ne peut qu'être passionnée.

(2001)

6.

Pour Jean-Marc Ela

Ainsi Jean-Marc Ela est mort. Comme Mongo Beti, René Philombe, ou alors Severin Cécile Abega, Francis Bebey, le père Hegba, et avant eux, Engelbert Mveng, lui aussi a disparu en silence. Certes il aura pris sa place dans ce Cimetière des Rois Camerounais de l'Intelligence, c'est-à-dire dans ce Panthéon où, si notre pays suivait la tradition que les Bamum réservent à leurs sommités, il serait enterré debout. Pourtant notre pays a-t-il seulement de mémorial pour son intelligence? Notre pays a-t-il seulement une tradition intellectuelle, et je veux dire, une modalité endogène de transfert de notre intelligence? Si nous n'y prenons garde, la multiplication de morts au sein de la classe intellectuelle camerounaise ces derniers temps, les chemins tragiques de chacune de ces disparitions, et surtout la longueur de la dictature camerounaise qui les aura tous survécu, finira par effrayer ceux-là qu'on a habitué aux fientes lors des funérailles de feymen. Ces morts multiples finiront par transformer le tombeau des intellectuels camerounais en une gigantesque fosse commune, comme celles-là que l'Afrique des vainqueurs de guerres civiles n'a de cesse d'inventer ici et là. Elles finiront par faire du cimetière de notre intelligence, le lieu même du sacre ultime du potentat: ce lieu infâme où l'on disparait sans laisser à la postérité, ni la marque de son nom, ni même celle de son corps, ou alors de ses os.

Et pour ce qui est de Jean-Marc Ela, la rumeur et la polémique qui aura prédaté sa mort effective aura peut-être fait se taire les cris qui auraient secoué notre forêt tropicale, et se trémousser des corps comme seules savent le faire nos pleureuses professionnelles, à la chute d'hommes de son envergure. Quel cri peut dire la profondeur du vide que telle disparition aura créé? Pourtant le silence n'est-il pas la plus grande damnation qui puisse frapper le deuil de celui-là dont l'un des livres s'intitulait justement *Le Cri de l'homme africain?* Ah, condamné à l'exil il y a une dizaine d'années, Jean-Marc Ela avait déjà été tué, car l'exil n'est-il pas une manière de mourir? Je m'explique: j'ai rencontré le père Ela pour la première fois, alors que je n'étais qu'encore élève en première, au Lycée Leclerc. Il était venu tenir une conférence dont je ne me souviens plus du titre qui, formulé par quelques camarades, avait sans doute ces mots ronflants que donnent à leur langage les écoliers, les doctorants, ou les universitaires qui n'ont pas encore commencé à penser. Ce dont je me souviens cependant, c'est qu'en lieu d'exposé, Jean-Marc Ela avait tenu une conversation, dont l'essentiel se résumait à ce conseil: 'ne jetez jamais les emballages de beignets sans en avoir lu le contenu.'

J'ai entretemps traversé de nombreux continents, fouiné dans de nombreuses bibliothèques, et avalé d'infinies théories. Dans cette phrase si simple qu'il m'avait insufflée à seize ans, se résume, je l'ai finalement compris, la Bibliothèque Universelle de l'Intelligence qui irait de Dante à Descartes, de Cheikh Anta Diop à Njoya, ou alors, s'il faut rester dans la scholastique, de de Certeau à l'école indienne de la subalternité, de Bachtin aux théories du politique par le bas, et sans doute, à toutes les professions de foi de la théologie de la libération, dont je lirai plus tard qu'il était un des exégètes et penseurs camerounais. Il n'est pas savoir qui soit si complexe qu'il ne soit traduisible dans l'intelligence du quotidien. Qui éveille l'esprit d'un adolescent devant un plat de beignet est un maitre, car il ne lui aura pas seulement montré le savoir à l'extérieur de la salle de classe, de l'amphithéâtre donc, il aura aussi implanté ce savoir dans sa circulation évènementielle dans la polis, et l'aura révélé dans sa subversion populaire. Il aura arraché l'enfant à la politique du ventre, et en un geste de chef d'orchestre, il lui aura dit l'évidence de cette profonde parole camerounaise qui sur les montagnes Bamiléké circula, qui dans le maquis des forêts Bassa se cacha, qui à travers nos steppes chez les Kirdi zigzagua, pour maintenir vivant l'espoir, non, la certitude implacable qu'un monde autre, qu'un Cameroun différent aura lieu, *fait quoi, fait quoi.*

Que Jean-Marc Ela soit un mythe, qui pourra le discuter? Qu'il ait été détenteur de plusieurs doctorats, était déjà énigmatique pour mon intelligence enfantine qui liait encore la possession de diplômes à l'extravagance. C'est que le langage camerounais avait bien vite trouvé une explication à son humilité qui transparaissait jusque dans sa parole chuchotée: 'c'est un prêtre.' Or avait-on regardé avec un peu plus d'attention, que l'on aurait compris que c'est cette banalisation de l'intelligence qui était son acte de dissidence le plus cinglant. De montrer que l'intellect est la chose du monde la mieux partagée, et que surtout, le savoir est ce feu qui s'arrache aux dieux pour la consommation de tous, voilà qui remettrait un peuple sur des pistes de la lumière! L'intellectuel est un Prométhée, et Prométhée, c'est chacun d'entre nous. Voilà sans doute un souffle d'espoir qui remettrait dans sa dimension historique le peuple qui chez nous croupit encore étonnamment, devant les avancées dangereuses de la bêtise. C'est que Jean-Marc Ela était la voix frêle qui en sa manière rassemblait les balbutiements de notre peuple, décryptait son énigmatique silence de cinquante ans, pour y discerner les signes de l'espoir. Car il faut bien que l'on trouve des mots, et plus que des mots, une grammaire, et plus qu'une grammaire, des concepts, pour dire la signification du long silence camerounais devant la dictature qui l'étrangle: pour comprendre ce qui nous arrive à tous.

Mais surtout, pour ceux qui trop vite disent le peuple camerounais complice de son assujettissement, il faut rappeler que dans les sous-bassement de la subjection camerounaise, est tapie l'évidence que le changement, le vrai et le seul, ne pourra que venir d'en bas – de ce peuple-là, justement. Jean-Marc Ela l'a fait en des dizaines de livres, en de multiples articles, en une parole pleine d'honnêteté. Pourtant le nihilisme philosophique qui en même temps que de s'exaspérer devant la tentation sauvage du pouvoir de Biya, s'impatiente devant les retards d'un soulèvement populaire, a le potentiel sérieux de nous faire douter du peuple camerounais, et donc, de nous condamner au désespoir. Voilà pourquoi en cette nuit qui ne finit pas, il nous faut toujours revenir aux livres de Jean-Marc Ela. Car de ses nombreux écrits, ne nous faut-il pas retenir que l'intellectuel camerounais n'a pas le droit d'être désenchanté, mais au contraire, doit pouvoir utiliser la manufacture du savoir pour nous arracher à la torpeur? Ela n'était pas un afropessimiste. Au contraire, il savait implanter l'espoir dans le geste d'un enfant qui au matin se nourrit de beignets pour ne pas avoir faim de la journée, en lui disant que pour vivre rassasié, il n'a pas le droit de manger seulement. N'est-ce pas là, après tout, leçon essentielle, banale, à une nation devenue si digestive qu'elle jette au vent son intelligence et la condamne à mourir en exil? Jean-Marc Ela est mort en exil, ne l'oublions pas, loin de ces lycéens comme moi, à qui il n'aura pas eu la possibilité de dire qu'au Cameroun, il ne faut jamais jeter des emballages de beignets sans en avoir lu le contenu. Condamner sa leçon au silence, serait élargir encore plus le tombeau des intellectuels camerounais qui déjà est si grand!

(2008)

7.

Une société sans opposition

Le futur du changement dans notre pays est sombre, très sombre. Cela est d'autant plus étonnant que les pulsations de nos compatriotes nous montrent chaque jour ces centaines de visages, ces milliers de destins, ces millions d'âmes, ces infinies volontés, qui ont intérêt à ce que demain soit diffèrent; pour qui avoir un autre présent est d'ailleurs une question de survie. Or devant l'évident convulsif de ces âmes de l'advenir, s'étend le spectacle abracadabrant de notre opposition qui étonnamment pauvre d'un paradigme intellectuel vraiment novateur, s'empoussière, tout comme du potentat qui dans le ronron de ses sommeilleuses et infinies vacances oublie jusqu'á d'organiser le congrès de son parti.

Il allait faire comment alors? Oui, comment ne s'endormirait-il pas, dites, quand nous savons qu'aujourd'hui il n'a plus besoin d'un parti pour diriger notre pays? Quand nous savons qu'il n'a d'ailleurs plus besoin de truquer des élections pour les gagner? Qu'il peut sans crainte mettre au chômage son armée de baroudeurs car il n'a plus besoin d'eux pour se maintenir au pouvoir? Et d'ailleurs qu'il peut sans regrets jeter à la poubelle ses urnes bourrées, car sa dictature n'a même plus besoin de se légitimer par des élections? Facile il est devant son imperturbable ronron, de sombrer dans l'affreuse mortification de ceux-là qui, ayant renoncé à tout espoir de changement politique, courent chez l'archevêque de Yaoundé lui demander des signes – l'astronomique corruption, oui, l'homosexualité de nos dirigeants, oui, le pouvoir de Satan –, des signes, encore plus de signes de la 'fin de règne', quand ils n'entrent pas dans des sectes pour se sauter l'esprit et définitivement s'empêcher de voir leur corps qui se cadavérise.

Facile, il est facile de tuer et de retuer le cadavre que le SDF est devenu, de s'esclaffer de la réification de son chairman dans ses oripeaux tribalo-politiques que nous avons pourtant toléré jadis, applaudi même; de regarder à travers le transparent des gandouras de l'UNDP; de piaffer devant les cent fantômes de l'UPC; tout comme facile il est, de rêver de ces années-là, de ces années 90-là, où soudain l'avenir, où soudain tout était possible! Facile il est, oui, de chercher le diable partout, car bien sûr avec un peu de malice, ou de cynisme, on le verra soudain – miracle! – apparaître sous le lit de son voisin, fut-ce sous la forme qu'on sait, queue et cornes, feu dans la bouche, ou alors, comme chez Shanda Tonme, avec le visage moustachu d'Adolf Hitler, et pourquoi pas avec la bombe des terroristes du Hamas en ses mains!

C'est qu'il est facile de diaboliser le commun, de dire que nos frères et sœurs s'ensauvagent, et beaucoup de nos analystes politiques ont cette propension à l'autoflaggelation, pourtant aurons-nous, tous qui voulons à notre pays un futur autre que le piétinement dans le tunnel, le courage de nous poser un jour cette question simple: comment en sommes-nous arrivés-là? C'est que, et nous le savons tous, les Camerounais n'ont pas été vaincus; ils ont plutôt abdiqué de la démocratie. Mais alors, est-ce parce que, comme le disait Mongo Beti dans son *Main basse sur le Cameroun:* 'les Camerounais, dans l'ensemble gens fort réalistes, n'entreprennent qu'avec un espoir de succès'? Oui, comment en sommes-nous arrives là?

Inutile de dire que l'urgence de cette question – et il y a urgence – vient autant de notre vie qui moutonne avec la dangereuse léthargie du lac central de Yaoundé en saison sèche, que de ces images de pays latino-américains, et de voisins comme le Benin, le Nigeria, qui soudain découvrent un second réveil, un sursaut citoyen, une promesse de futur, et donnent devant nos regards ébahis, un sens nouveau à leur commune dignité. Qu'est-ce qui nous arrive? Est-ce parce que, comme le disait une fois Achille Mbembe, les Camerounais ont peur de mourir? C'est vrai qu'ici on aurait pu lui répondre avec Brassens: 'mourir pour des idées, c'est bien beau, mais lesquelles?' si seulement l'opposition de chez nous avait des idées. C'est que: avons-nous seulement clarifié cela pour quoi nous nous battons? Autrement dit: avons-nous déjà essayé de comprendre pourquoi les Camerounais tolèrent un *status-quo* qui de toute évidence ne correspond pas à leurs intérêts?

Peut-être faut-il écouter Ekane Anicet quand il nous dit que 90% de l'opposition chez nous ne l'est pas. Mais alors: un consensus minimal a-t-il jamais été établi sur cela qu'est l''opposition' chez nous? Ces 10%-là qui restent dans ses calculs? Un tel consensus est-il d'ailleurs possible entre les composantes de ces 10%? C'est que nos actes communs, nos décisions et paroles quotidiennes, ne fabriquent-ils pas déjà dans notre vie le dictateur que nous voulons chasser, et donc, ne rendons-nous pas chaque matin le changement impossible? Quand des leaders de l'opposition, du SDF, payent des bandits et bastonnent des journalistes, nous découvrons soudain ahuris, qu'ils nous proposent *de facto* une répétition de cette société policière que justement nous avons déjà, et qui, quand elle fonctionne bien, permet au potentat de s'endormir sans crainte au sommet de sa machine répressive.

Mais voilà, cette société-là n'est-elle pas déjà inscrite dans le système éducatif de chez nous où, sans blague, il se trouve encore des maitres et des maitresses virtuoses de la chicotte? Ne se trouve-t-elle pas dans la main de nos maris qui battent leurs femmes à la maison et rêvent en même temps des scenarios de l''après-Biya' quand ils bavardent avec leurs amis dans les bars des sous-quartiers? Nos pères qui bastonnent leurs enfants sans mauvaise conscience n'étranglent-ils pas à chaque coup la démocratie chez nous? Quand nous sortons de l'intimité de nos maisons, l'ahurissante hystérie homophobe des journalistes de chez nous que nous découvrons, ne nous montre-elle pas comment eux aussi piétinent ces principes mêmes de la démocratie – la tolérance, le respect de la vie privée – qui les ameutent pourtant tellement quand il est absent aux sommets de l'Etat? Et quand avec cette presse nous baissons nos gardes lorsque un des intellectuels qui pensait le changement jadis, Maurice Kamto, se retrouve administrant la justice du potentat, et ne nous étonnons même pas de son silence quand les tueurs de ce dernier entrent dans les amphithéâtres des universités et cassent la tête aux étudiants, ne sombrons-nous pas nous aussi dans le sommeil du Palais de l'Unité?

Comment se fait-il que nous applaudissons aux bavardages dans la presse de notre intelligentsia quant au fond celle-ci ne nous propose, montagne qui accouche d'une souris, comme alternative que cela qu'elle a vu au Nigeria, entre autres – le service civil pour la jeunesse – et qui d'ailleurs dans bien de pays – comme l'Argentine, par exemple – a déjà montré ses limites, justement en situation de dictature? Et qu'en est-il lorsque nous regardons à l'extérieur du pays et applaudissons à la réussite de ce frère ainé – Monga! – qui reçoit des mains de Paul Wolfowitz qui sur sa conscience porte les milliers de morts de la guerre en Irak, des médailles pour avoir bien travaillé à huiler la dictature de Blaise Compaoré? Au fond de nous, croyons-nous vraiment que cela n'aurait pas été moins sanglant s'il était allé réveiller le potentat qui chez nous dort pour s'excuser de cette lettre avec laquelle jadis il le réveilla? Ne sommes-nous pas tous paresseux à chercher un paradigme autre que celui de ces institutions, Banque mondiale, FMI, etc., aux portes de qui ce potentat-là n'a cessé de frapper depuis qu'il est au pouvoir; ou alors à élaborer une vision ailleurs que dans les évidences de l'amitié françafricaine qui a défini le système de son pouvoir depuis les années cinquante, croyons-nous vraiment que nous œuvrons pour un changement dans notre pays?

Changement de quoi? est-on en droit de nous demander le premier venu, car au fond, tout pays n'a que l'opposition qu'il mérite.

(2006)

8.

Eloge de l'opposition

C'est à travers le football aujourd'hui, que le Camerounais donne une idée de ce qu'il peut faire. C'est là qu'il ou elle s'exprime pleinement, détaché des limitatives trahisons de la vie, ouvert aux possibilités seules de son talent. C'est là, dans le cercle clos du stade de football, qu'avec les Eto'o, Song, Zé et autres, il épate le monde par la dimension répétée de son excellence, et frappe de stupeur les nations les plus sceptiques et les plus aguerries de la terre, par la révélation lumineuse de ses capacités. C'est à travers le football aujourd'hui que son cœur bat vite, plus vite et encore plus vite, quand sa vie a le piétinement d'un somnambulique. C'est là que son désir de se surpasser se révèle, quand en vérité le seul rêve qui reste à sa jeunesse est de quitter son pays; que sa main se tend vers les étoiles du ciel dans une félicité que lui aurait donné son histoire, si elle n'avait été celle d'une continuelle injustice; et que sa poitrine se bombe en toute évidence, même quand aucun des actes qu'il ou elle aura posé en réalité ne l'y autorise. C'est que c'est aussi par le football seulement qu'aujourd'hui la volonté du Camerounais se décline en toute évidence à travers la terre entière: dans le visage déterminé de ces joueurs qui sur les nombreux stades du globe arrachent des trophées aux feux de passions les plus insoupçonnables, et font que l'Américain de Carlisle en Pennsylvanie, ou alors le Sud-Africain de Durban vibre pour les enfants des sous-quartiers de Yaoundé et de Douala. Ainsi donc c'est à travers le football que le monde découvre l'histoire du Cameroun et imagine ce que son futur aurait été, si le pays n'avait été ce qu'il est.

C'est que pour qui regarde un match de football avec des yeux pas ivres, toute victoire camerounaise a le visage de la profonde défaite de ce pays, les Lions qui pour nous décrochent mille trophées, parce que vivant à l'étranger, comme d'ailleurs tous les Camerounais de la diaspora, ayant *de facto* perdu le droit de vote dans le pays dont ils montent le drapeau au firmament. Leur victoire sportive n'étant qu'achetée au prix de leur exclusion citoyenne, nos footballeurs deviennent ainsi des bons Camerounais, c'est-à-dire des lions édentés. L'éclat de leur gloire, eux qui gagnent des titres en Espagne, en France, en Turquie, nous révèle le visage du paradoxe camerounais, et en même temps pose les questions bien simples que pose depuis cent ans tout bon Camerounais à ceux qui ont des oreilles pour entendre. Quel pays est-ce là, nous demande-t-il, qui exclut ses citoyens les plus talentueux? Quel pays est-ce là, qui bâtit sa fierté sur des roses cueillies sur les chemins épineux de l'exil par ceux-là qu'il aura mis au ban? Quel pays est-ce là, qui écrit l'hymne de sa gloire avec les strophes et les pas de danse de ses enfants qu'il a obligé de partir? Quel pays est-ce là, qui aujourd'hui encore ferme ses oreilles à la profondeur perfide d'aussi éclatants paradoxes? Ne pas écouter ces questions serait oublier que l'histoire et le présent du Cameroun, sont inscrits dans l'exclusion centenaire déjà de la volonté de la majorité de sa population et donc, dans le profond paradoxe de son Etat qui dans chacun de ses actes politiques cimente encore plus cette exclusion qui en fait est la véritable raison de sa survie. S'il est une évidence que les Lions communient avec les pulsations de la population camerounaise, que leur poitrine bat du million de cœurs des Camerounais, évident il est tout aussi, qu'ils portent enfin au soleil la volonté et l'énergie de chaque citoyen exigeant de ce pays, qui dans la longueur tragique de son histoire aura été cassé, condamné à se saouler l'esprit, à entrer au maquis ou aura été jeté sur les routes de l'exil et de l'émigration.

Laisser le monde voir comment aujourd'hui, lorsque les Lions indomptables mangent ce sont les Camerounais qui se rassasient, c'est donner à voir l'ultime chiasme de l'injustice qui définit le paradoxe camerounais. Car quel pays est-ce là, qui danse parce que le tyran vient de le faire mettre sur la liste des pays les plus pauvres et endettés de la terre? Quel pays est-ce là, qui s'attend à des pluies de milliards et à des augmentations de salaire, quand nous savons qu'il a toutes les richesses naturelles et humaines nécessaires pour compter parmi les pays les plus riches? Quel pays est-ce là, qui écoute des économistes à courte vue qui le mettent à genoux, quand ses citoyens ont l'intelligence qui, mise en œuvre lui ferait se passer dans le futur de toute manne du ciel? Quel pays est-ce là, dont les penseurs pour nous ont décrit le visage même de ce que l'alternative à notre philistin présent pourrait être, mais qui piétine encore dans les mailles honteuses de l'ajustement du *status quo*? Quel pays est-ce là, qui compte les intelligences les plus critiques, les plus sophistiquées et les plus écoutées du continent africain, mais qui sorti du régime d'un illettré, est dirigé depuis une génération déjà par un diplômé qui assassine ses enfants dans les universités? Quel pays est-ce là, dont la politique écrase la population anglophone, quand sur la terre entière ils sont des milliers, non, des millions à se mettre en rang dans l'apprentissage de cette langue de notre monde qui se globalise? Ces paradoxes s'inscrivent, il est évident, dans la suite de paradoxes qui déjà auront été découverts par ces nombreux autres Camerounais qui demandaient, comme Yondo Black en 1990, comme Abel Eyinga en 1970, quel est ce pays-là qui ne laisse pas de voix à l'opposition démocratique, quand sa constitution n'interdit pas le multipartisme? Qui en 1948 comme Um Nyobé, déjà demandaient quel est ce pays-là qui est administré comme s'il était une colonie de la France, alors que depuis 1916 il avait cessé d'être la colonie de quiconque? Qui en 1914, avec Martin-Paul Samba, demandaient quel est ce pays dont les terres sont prises de force, alors que les textes du traité Germano-Douala de sa mise sous tutelle allemande n'y autorisaient personne?

Ces nombreux paradoxes camerounais s'inscrivent donc dans l'histoire étonnante d'un pays qui dans la longueur folle de son histoire, aura assassiné ses citoyens les plus perspicaces, les plus intelligents, les plus visionnaires, de Martin-Paul Samba, Osséndé Afana, Félix Moumié, Ernest Ouandié, Nya Thadée à Tchundjang Pouemi, les aura frustrés, silenciés, ou alors les aura contraints à partir dépités, alors qu'il a le plus besoin d'intelligences pour se sortir de son marasme. C'est que la voix de ces forces de l'intelligence critique camerounaise, de 1914 à aujourd'hui, la volonté indomptable des Camerounais donc qui est celle de l'opposition citoyenne à notre présent philistin, a toujours été identique dans sa détermination à questionner le suicidaire paradoxe camerounais. Elle aura toujours voulu remettre le politique camerounais, quel que soit son visage, sur les traces de textes qui lui auront été imposés de force, ou alors qu'il se sera donnés, mais que dans sa violence, il aura toujours été le premier à piétiner et à nier. Légaliste jusqu'au bout, elle aura, l'opposition camerounaise, trouvé deux chemins principaux pour s'exprimer: d'une part elle aura fait corps, dans un élan volontariste, avec un ou deux groupes qui à un moment de son l'histoire, aura porté dans le cœur de sa souffrance, les revendications les plus profondes des populations, les anglophones aujourd'hui, comme hier les bamiléké et les bassa dans leur rébellion; d'autre part elle aura pris la casquette de partis politiques qui dans le même élan, à des moments précis, auront donné voix aux revendications populaires, le SDF en 1990, comme l'UPC de 1948 à 1970. Parfois cependant, elle se sera exprimée par la voix simplement outragée de quelques-uns comme Mboua Massok, quand ni mouvement volontariste, ni parti n'étaient encore disposés à lui donner la forme sincère qu'elle mérite. Aujourd'hui, alors que plus que jamais le tyran marche sur des chemins qui lui feront demain logiquement tripoter nos espoirs pour se maintenir pour des années encore au pouvoir, lui qui il y a des années organisait des élections anticipées quand il n'en avait pourtant pas besoin; alors que les partis d'opposition se révèlent finalement être ce qu'ils auront toujours été, c'est-à-dire de faméliques machines d'égoïsmes désinspirés; l'heure est venue de réveiller la voix simple du bon Camerounais qui depuis cent ans, a toujours su secouer le paradoxe de son pays quand celui-ci lui casse les pieds, l'exclut quand il veut exceller, et le tait quand il veut dire son opinion. Le temps est venu chez nous d'entonner l'éloge de l'opposition – la vraie. Notre futur en dépend.

(2006)

9.

L'esprit du parlement

Ce n'est qu'*a posteriori* que l'histoire se donne dans son intelligibilité limpide. Quand elle a lieu, elle est le plus souvent charabia. Le parlement estudiantin qui en 1990 secoua l'université de Yaoundé est de ces évènements-là. Irascible à l'époque, il m'était impossible alors, de saisir dans l'eschatologie des possibilités qu'il me donnait soudain, ce qu'il signifiait. Une fronde? Des grèves? Des marches? Si on m'avait demandé à l'époque ce dont il s'agissait, j'aurais dit sans doute, comme tout le monde, qu'il s'agissait de revendications pour la liberté. Mais la liberté, qu'est-ce que c'est? Un seul fait était certain: nous ne l'avions pas. Alors comment pouvions-nous savoir ce qu'elle est? Il est très facile de dire que la liberté se découvre en chemin par le prisonnier qui rompt ses chaines. Est-ce alors à dire qu'il est possible dans le moment, de mettre sa vie en jeu pour une chose qu'on ne connaît même pas? Le prisonnier a-t-il les moyens de construire autre chose qu'un cachot pour les autres, si la liberté lui est si chère? Ce que je sais aujourd'hui, c'est que mon parcours d'écrivain aura été une volonté de donner voix à l'esprit du parlement, qui chez moi se confond à la volonté manifeste depuis mon enfance, de dominer mon propre bégaiement. O, j'ai longtemps bégayé: jusqu'à mon entrée à l'université.

Il est clair que le lycée Leclerc où je m'étais retrouvé déjà dans une panoplie d'activités de la réflexion m'avait mis pendant trois ans devant la verve de Senfo Tonkam, dans un certain 'Cercle des amis de la culture', ou alors devant la virtuosité dialectique de Ngono. Il est clair tout aussi que le 'Cercle des littératures' auquel j'appartenais à l'Université de Yaoundé, et où à la fin je m'animais avec quelques camarades autour d'une pétition par laquelle nous croyions pouvoir inviter Mongo Beti à venir prendre la parole sur le campus, pour l'occasion de sa première visite au pays, m'avait montré le visage de lâcheté de bien de mes professeurs de littérature – eux qui, par peur, refusaient d'apposer leur signature au bas de notre pétition malgré l'entrain révolutionnaire de leurs enseignements, une pétition qui en plus voulait faire parler un auteur bien de chez nous qu'ils enseignaient! Jamais littérature et critique ne se sont autant opposés devant mes yeux. Jamais ceux qui savent ce que la liberté veut dire n'ont été aussi frileux devant moi.

Il y a plusieurs choses qui ont été possibles, cependant, mais beaucoup de vies aussi qui ont été rompues en 1990. On peut dire sans doute: le 'multipartisme', en même temps que la menace du génocide, sont nés de ce moment d'explosion de notre parole en public. Il est des pays, la Côte d'ivoire, par exemple où le parlement ('agoras', 'Sorbonne') a pris des formes plutôt centrales dans l'articulation de la politique; il est des autres, le nôtre, où il survit dans la nostalgie. Moment d'incertitude, comme tout moment de naissance, il peut être lu de toutes les manières possibles. Mais l'écriture qui est mon espace de définition, si elle m'a toujours permis de contourner les bégaiements de ma voix, a sans aucun doute trouvé son accélération avec l'explosion du parlement. Ce n'est donc pas surprenant que mon premier recueil sérieux, *elobi,* je l'aie composé durant cette époque, avec l'université fermée. Le paradigme que le parlement aura proposé à l'écriture camerounaise, est la centralité de la critique. Je veux par-là dire que si avant les années de braise la critique chez nous était encore en période d'incubation, ou alors si elle était encore prise dans le ventre de la grossesse (à cause de l'exil interne et externe de nos écrivains, de la situation de maquis de notre intelligence au pays, ou alors du parapluie idéologique du 'communisme international' qui faisait de nos intellectuels, grands lecteurs de Fanon, malgré eux des marxistes tropicaux), l'esprit du parlement l'a poussée au jour.

Sapere aude! L'ordre de faire usage public de son jugement, quand il n'est porté par aucun mandat autre que sa propre intelligence, et quand il n'est plus limité par la peur, est plus que paradoxal, et c'est-à-dire régicide. Or voilà résumées, les règles du jeu de la prise de parole au parlement. Il devient donc créatif, car il est un appel à faire preuve d'imagination pour inventer son monde à partir des ruines de celui qui s'effondre. Il est la liberté dans les faits. Des ruines du monde du parti unique et du journal officiel, *Cameroon tribune,* où j'ai publié mes premiers textes en 1987, les années de braise qui ont commencé pour l'écriture camerounaise avec l'explosion des journaux privés (si bien nommés 'de l'opposition', comme pour dire leur fondement critique), se sont clos sur la révolution d'internet, et ainsi n'ont que multiplié les espaces de l'invective. Des mots griffonnés sur les murs en graffitis du silence à l'agora du verbe devant les titres de journaux trop chers pour être achetés, à la cité universitaire, puis des journaux eux-mêmes, nous sommes ainsi passés à l'infini de la toile et à la multiplication de blogs! De ce point de vue, le parlement est le lieu où a vraiment commencé l'espace public de la littérature que nous pratiquons aujourd'hui. Ici aussi la floraison de la critique a été d'abord une innovation des moyens, c'est-à-dire, des techniques de la parole.

Un vieux cliché veut que les moments d'accélération de l'histoire soient autant pauvres en romanciers, gens de théâtre et poètes, qu'ils sont riches en essayistes. Et si le Cameroun a toujours été considéré comme une terre aux essayistes brillants, la presse et internet leur a d'une manière ou d'une autre donné un espace de possibilités immense. Après tout l'un des actes de tonnerre de ces années est bien la lettre ouverte de Célestin Monga publiée dans *Le Messager*. Un regard rapide sur la presse critique de chez nous convainc d'ailleurs très facilement qu'elle est avant tout une presse d'opinion. Pourtant la vérité est que les années de braise, et avec elles l'implosion du bloc communiste, ont laissé la critique de chez nous orpheline. S'il est vrai que la forme de critique qui le plus vivement a secoué l'arbre de la dictature chez nous est celle qui s'inspirait d'une lecture sociocritique de notre réalité, nous disons aussi, proto-marxisante de l'histoire (autour de Ela, Eboussi Boulaga, etc.), il devient de plus en plus clair que l'esprit du parlement a tout aussi scié la branche sur laquelle celle-ci était assise. Le nihilisme intellectuel d'Achille Mbembe, aboutissement conséquent de cette critique, est une expression de la chute dans le vide qui en résulte logiquement. L'harakiri permanent qui laisse Monga écartelé entre 'son opinion personnelle' mythoclaste, et 'son employeur', la Banque mondiale qui étrangle nos pays, en est une autre. La mort de Mongo Beti est enfin l'ultime signe de cet abandon de la critique sur les sentiers de l'histoire, écho qu'elle est de la mort de la figure classique de l'intellectuel comme augure d'un 'futur qui chante' et leader moral. Plus que la force du potentat, c'est cette situation d'orphelinat idéologique de la critique qui a laissé nos oppositions locales sans voix, et conduit à l'impasse politique que vit notre pays aujourd'hui.

Si l'impasse de la critique chez nous était prévisible pour toute personne à qui l'esprit du parlement a appris à fonder les logiques du jugement moins dans l'analyse de ce qui est que dans l'imagination, sa situation d'orpheline nous ramène à l'ordre d'être créatif formulé dans l'exiguë des cités universitaires. Mais *de facto* cela remet entre les mains des formes imaginatives de la littérature, le roman, la poésie, le théâtre, l'esprit critique sur lequel l'essai s'est cassé les dents. Ainsi par l'ironie de notre histoire, nos écrivains sont-ils devenus les ultimes légataires du paradigme formulé à Ngoa Ekéllé en 1990. Dit autrement, là où la politique, laissée en chemin par les essayistes, n'arrive pas dans notre pays à réaliser les promesses de la floraison critique des années de braise, roman, théâtre, poésie sont devenus les espaces où se fertilise, et d'ailleurs se réalise l'ordre de changement du parlement. Après tout Biya est encore au pouvoir, et se prépare sans mauvaise conscience à changer la Constitution acquise durant les années de braise, ce devant seulement quelques chuchotements critiques. Le changement qui n'a pas eu lieu dans l'espace politique, ne s'est ainsi encore réalisé chez nous que, comment le croire, dans le domaine des lettres. Situation bien paradoxale que celle de notre pays qui ne devient que plus littéraire, qu'aussi profondément il s'enfonce dans la dictature. Il suffit de voir la floraison de l'écriture aujourd'hui dans les cercles; il suffit de mesurer la multiplication des espaces de la créativité jusque dans les sous-quartiers; il suffit de compter les initiatives littéraires. Et pourtant le dictateur des années de braise est encore là! C'est d'une explosion de l'imagination qu'il s'agit; et pourtant nous vivons une restauration politique de l'infamie. La littérature camerounaise est le substitut de l'action. Elle nous rappelle que malgré tout, l'esprit du parlement n'est pas encore mort. Il demeure que: le jour ne se lève que pour qui ouvre les yeux.

(2007)

10.

Malaise dans la démocratie

La plus grande escroquerie du projet démocratique des années de braise, c'est d'avoir subordonné la volonté de liberté au libre-échange. Pour une conscience pressée, cela ne pouvait qu'être inévitable: le réveil démocratique aura coïncidé avec, ou alors, certains diront, aura été précipité par la chute du bloc soviétique, et donc, par le discrédit total du communisme. Sur le plan des idées, il aura ainsi coïncidé avec l'implosion de cette partie du monde qui, croit-on, aura institutionnalisé les pensées utopiques, porté les rêves égalitaires de nos philosophes les plus éclairés, fait sien les élans poétiques de bien de nos penseurs et écrivains, et réalisé notre idéal humanitaire vieux de deux mille ans: la recherche d'une autre République. Ainsi les années de braise, au lieu du réveil à la liberté, à la démocratie, tel que symbolisé par la chute du mur de Berlin, l'ouverture des parlements au multipartisme et la libération de Nelson Mandela, sont à y voir de près, le tombeau de nos rêves libertaires de deux mille ans. Cette suspension abrupte des rêveurs que nous fumes, cette mise à l'écart des illusions, cet étranglement de la poésie, transformée très vite par des philosophes de la dernière heure tel Fukuyama en 'fin de l'histoire', et par des dictateurs aux petites semelles tel Eyadema en 'fin de la recréation', c'est l'entrée dans le temps de la prose que nous vivons encore. Ou si on veut, le transfert de l'espace infini de nos rêves aux talibans, néo-talibans et évangélistes 'born again' qui replacent la religion dans la République d'où il y a trois cent ans notre humanisme républicain l'avait expurgé. Mais l'escroquerie intellectuelle qui nous écrase encore est née également d'une écoute cynique des revendications des rues rageuses par les soi-disant forces du changement. Elles auront transformé les revendications démocratiques en cris d'affamés qu'un bout de pain satisfait facilement, et fait du réveil populaire qui ouvra notre vie publique à l'expression plurielle, la volonté simple d'avoir sa part du gâteau. C'est ici que, plus que les dictateurs, les forces politiques qui auront porté les revendications populaires le plus haut, les oppositions, sont le plus à blâmer: c'est ici, oui, qu'elles auront montré leur véritable banqueroute. Limitant leur programme politique à la prise du pouvoir ('Biya must go'), transformant la volonté de changement ('sopi'; 'chinja') en volonté de renverser le dictateur, ouvrant son imagination la plus radicale à la volonté seule d'agrandir la sphère publique, elle aura perdu trop peu de temps à imaginer que cela dont les populations ont le plus urgemment besoin, et ce que d'ailleurs elles revendiquaient le plus vivement au sortir de leur trop longue nuit, c'était la réaffirmation du vieux, oui, très vieux rêve simplement humain d'une autre République.

On peut parler d'une trop grande précipitation de l'histoire, là où les idées sont comme toujours lentes à venir; ou alors, simplement, d'un dangereux, mais profond malentendu, les oppositions n'ayant jamais eu le temps de véritablement écouter ce que les citoyens veulent. Nous dirions aujourd'hui qu'il s'agit d'un épuisement, dont le visage le plus clair est l'expression des politiques d'après le début de ce millénaire. C'est qu'il est en politique comme en littérature: il y a un moment où les mots ne veulent plus rien dire; où donc ils s'épuisent. Ils sont alors jetés par la fenêtre, et c'est-à-dire, livrés à la putréfaction, et donc, au recyclage, tout comme à des possibles récupérations. Ainsi le dictionnaire n'est pas seulement une archive: c'est aussi une poubelle. Or la banqueroute des divers 'paradis sur terre' dont rêvait le poète allemand Heine, coïncide de plus en plus avec le hold-up sur cela qui reste encore du projet du 'Grand refus' marcusien, par les forces de la violence la plus abjecte. Ainsi un penseur comme Fanon, celui même qui dans la longueur de Marcuse, le plus vivement pour nous aura dit la nécessité d'inventer un 'autre homme', n'aura-t-il pas seulement reçu un coup de couteau dans le dos avec la fin des Républiques populaires et démocratiques; il aura été plus qu'enterré dans des cendres à New York, le 11 Septembre 2001, quand les forces de la mort se seront accaparé l'hymne de la violence qu'il chante, et en auront fait un projet simplement meurtrier. Le témoin de la violence que ces forces auront ainsi passé de la gauche révolutionnaire des années soixante-dix, à ces forces qui aujourd'hui font sauter des milliers de têtes de par le monde n'est pas encore véritablement pris au sérieux. Il ne suffit pas seulement ici de formuler une défense de la violence libératrice, opposée à celle destructrice, car notre conscience bégayera toujours quand il s'agira de définir si la violence est légitime quand elle fait entrer un avion dans un immeuble, quand elle fait sauter un bus, quand elle fait tomber les murs de la répression, ou quand elle fait sauter tout un pays. Nous bégayerons mais si nous avons un peu de jugeote, nous viendrons toujours sur cette vérité simple qu'aucune violence n'est légitime. Nous saurons en effet que la libération n'est que l'autre visage de la destruction, les deux étant liés dans une dialectique phagocytaire, mais inévitable. Je me rappelle mon horreur quand une fois je lis sur une page internet que le penseur du tiers-mondisme, Fanon, était 'l'inspirateur de Osama ben Laden.' Au fond j'aurais dû y penser, et beaucoup moins crier à la diffamation: dans leurs extrémités, gauche et droite, comme on sait, se rejoignent sans aucun effort. La volonté d'ériger une autre République, elle, ne s'est pas encore remise de son sanglant éclaboussement par les 'suicide bombers': le 'rebelle' de Césaire non plus de leur mise en forme aujourd'hui par les Soro et autres Bemba. Ceux qui rêvent d'une autre République encore moins. La gauche du monde entier est la première à souffrir de cette douche de sang. Si le terrorisme est une hyène qui se nourrit du cadavre que celle-ci est devenue, le lion du libre-échange chevauche dans la savane qu'elle lui a abandonneé.

L'escroquerie dont il s'agit ici, c'est l'occupation *de facto* de l'espace de nos rêves séculaires de libération par les forces philistines, et le retournement des espoirs les plus urgents des populations nécessiteuses de chez nous pour légitimer cette fin. Le 'Programme d'un Siècle Américain' est certainement le visage le plus conquérant d'une telle entreprise de colonisation du royaume de nos utopies. Au lieu de Voltaire assis sur un cheval de lumières, nous avons l'arrogance médiocre de Monsieur Homais le pharmacien de *Madame Bovary* qui s'érige en victorieux sur notre temps. Là où nous avons assisté à la disparition des Républiques de Justes qui étaient devenues des Habitats de l'Injustice et des Pays de Goulags, il n'est même plus laissé le temps de se remémorer les mille rages qui auront toujours accompagné la marche du libre-échange, et donc, fondé notre volonté même d'une autre République. Là où depuis 1990, nous nous réveillons dans un monde sans alternative, et où d'ailleurs ceux qui nous promettent des paradis aux vierges prêtes pour nos amours sont si violents, il devient de plus en plus difficile de se souvenir que c'est justement la chevauchée diabolique du libre-échange qui nous est restée avec la fin du communisme, et qui pendant plus de deux mille ans aura mobilisé les intelligences les plus perspicaces de notre humanité pour nous inventer une République plus juste. Il faut peut-être encore dire l'évidence: autant que le discrédit de Rodolphe Boulanger ne rend pas du tout Charles Bovary aimable pour Emma que nous sommes nous aussi, la déroute des Républiques populaires ne rend pas le libéralisme aimable. L'appel à être pragmatique et à reconnaître la 'nature humaine' dans son égoïsme de principe est pourtant aussi vieux que l'effort qui, dans le volontarisme aura toujours trouvé la force de remettre en cause l'état des choses. Et ce ne sont pas seulement ici les centaines de philosophes, d'économistes, qui pour nous auront inventé la nécessité de voir le monde et d'organiser les choses autrement; c'est la tetue-tête de toute mère qui envoie son enfant à l'école en sachant que notre pays ne lui donne pas un avenir qui inscrit cette conscience permanemment dissidente dans le cours même de notre histoire. Or n'est-il pas humain, tout à fait humain de ne jamais s'accepter défait? N'est-il pas humain également de ne pas se satisfaire de situations inconfortables? Le malaise est inscrit dans nos consciences autant que le bonheur que tous nous recherchons.

En s'inscrivant dans nos consciences, ce malaise s'inscrit aussi dans notre vie publique dont elle devient l'expression. Il prend une signification encore plus matérielle dans la situation d'extrême pauvreté qui définit nos pays. C'est donc ce malaise intellectuel autant que matériel dans notre démocratie, qui fait de la recherche d'alternatives chez nous une nécessité impérative. C'est lui qui jeta, jette, et jettera toujours des étudiants sur nos rues, car ils n'ont pas d'avenir; qui faisait, fait et fera s'arrêter les taximen et mototaxis, car ils sont raquettes par l'Etat; qui faisait, fait et fera s'élever la foule, car elle a faim; qui donc fera notre pays se réveiller dans le tumulte de nos peuples qui refusaient, refusent et refuseront toujours toute forme de *status-quo* strangulateur. Le chemin de cette revendication perpétuelle trace dans l'histoire africaine une ligne infinie de martyrs, sans pourtant que la quête soit jamais interrompue. Pour ce qui est par exemple de l'histoire du Cameroun, il est possible ainsi de tracer une ligne qui va de Paul Samba et autres Manga Bell à Um Nyobé, Ouandié et leurs compagnons de l'UPC, bien que les uns et les autres aient fait entendre leurs voix respectives dans deux régimes bien différents de la violence: le régime de la fin de la colonisation allemande chez les premiers, et celui de l'installation d'une relation de scandaleuse intimité entre notre pays et la France chez les autres. De même il est possible de voir comment le problème bassa et bamiléké aura passé l'étalon à la question anglophone, et dans le même élan posé en des termes toujours clairs la question de la démocratie chez nous. C'est comme si même la certitude de la défaite n'arrive pas, dans toutes ces instances du malaise dans notre démocratie, à arrêter l'élan du prochain martyr. En cela ils rejoignent eux aussi la force surhumaine qui fait l'enfant tenir la main de son petit frère et le mener en classe sur l'axe-lourd qui à toute minute peut les tuer tous les deux; qui fait la mère envoyer ses enfants à l'école dans un pays qui dévalue si dramatiquement l'intelligence. Le fondement de cet espoir têtu et donc, de ce malaise profond, est la quête de la justice, cette condition si évidente du bien-être. Or cette quête si légitime, ce martellement si logique, cette nécessaire répétition du rêve et de l'espoir d'une République juste, qui font de l'insatisfaction devant notre réalité philistine une nécessité historique, a été prise en sandwich et étranglée par les programmes économiques formulés au réveil à la démocratie en Afrique, eux qui auront oublié dans leurs lettres que la revendication des populations durant les années de braise se sera retournée autant contre les régimes liberticides, que contre les programmes d'ajustement structurels libéraux; eux qui se seront faits au cœur mal inspiré d'une Afrique défaite et qui accepte sa défaite.

Ainsi les présidents africains concepteurs du NEPAD auront concédé la défaite africaine, là où les populations africaines tumultueuses mettent en jeu tous les jours la dernière chose qui leur reste dans leur combat contre la nuit: leur volonté. 'Comme s'ils n'étaient pas garçons', diraient les Ivoiriens qui avec leurs seules poitrines ont fait face aux armes françaises dans la capitale de leur pays, et les ont déroutées. La même forfaiture a été répétée par la Commission pour l'Afrique réunie autour de Tony Blair, et dont l'expression publique aura été visible autant dans l'éclat des concerts de Bod Geldorf, que dans les campagnes de lobbying de Bono pour l'annulation de la dette. Forfaiture qui fait notre pays investir ses espoirs dans la reconnaissance par le FMI de sa faillite et de sa pauvreté. Cela n'aura été possible que dans la mesure où la nécessité de combattre la pauvreté et d'ouvrir l'Afrique à la mondialisation qui sont les buts communs de tous ces programmes, ils l'auront achetée au prix d'une profonde amnésie devant la profonde tradition de dissidence qui traverse la conscience africaine, l'histoire africaine, et unit des pays aussi disparates que l'Afrique du sud et le Nigeria dans une commune tradition de revendication du droit. Là où les présidents signataires du NEPAD auront fondé le projet d'une Union africaine sans mentionner plus d'une fois dans leurs respectifs projets le mot 'justice', la dynamique de l'histoire africaine depuis la traite des esclaves ne peut se comprendre en mettant entre parenthèse la revendication légitime du citoyen africain pour le respect de ses droits. En soumettant l'histoire africaine à leur vision libérale, ils seront passés à côté de la possibilité d'y puiser une tradition qui soit représentative de l'énergie et de la volonté réelle des populations africaines. C'est celles-ci qui fondent notre volonté, par exemple, de réparation pour le crime contre l'humanité qu'étaient respectivement l'esclavage et la colonisation, tout comme c'est elle qui fonde la volonté simple des citoyens d'avoir des représentants qui parlent de voix dans lesquelles ils se reconnaissent. Or un projet de futur qui passe l'éponge sur un profond passé de crime, sans prendre en compte la voix de ceux à qui mal aura été fait, ne peut pas être représentatif: ne peut donc pas être démocratique. La présentation comme démocratique de projets qui ne le sont pas dans leur fondement même, voilà l'escroquerie dont il s'agit. Leur profonde trahison est ainsi inscrite dans leur orientation qui veut faire le futur de l'Afrique en faisant abstraction de son passé, et surtout, en taisant les revendications simples et légitimes des populations africaines qui tous les jours déjà inventent leur présent avec comme seule arme leur volonté. Leur véritable perfidie les fait d'ailleurs, comme dans le projet du NEPAD, se retourner contre les populations qu'ils sont censés représenter, dont ils sont sensés donc être les avocats, quant au fond ils auraient dû écouter leur voix.

Les oppositions africaines, elles non plus, ne sont pas encore sorties du paradigme qui, comme le NEPAD et le plan de la Commission Blair, subordonne la volonté de liberté des populations africaines au libre-échange. Ici il est d'ailleurs possible de dire que les oppositions africaines sont encore plus aveugles que les pouvoirs qu'elles défient, et à qui le véritable reproche qu'elles font est l'incompétence, dont les corollaires sont la corruption et la 'mauvaise gouvernance'. C'est-à-dire qu'au fond la seule chose idéale qu'elles reprochent à ces pouvoirs dont elles veulent prendre la place, c'est leur incapacité d'appliquer avec la froide fureur de l'effectivité le programme de libre-échange qu'elles auront cru découvrir elles aussi dans les soubresauts des années de braise. Et avec cela elles veulent gagner des élections! La chose véritable qu'elles reprochent aux pouvoirs c'est de ne pas écrire encore plus de NEPADs. Et avec cela elles comptent se maintenir au pouvoir même après avoir gagné les élections! Devant nos visages ébahis elles nous alignent des banquiers à n'en plus finir. Et avec cela elles veulent nous faire croire qu'elles nous offrent le changement! Or voilà qu'ici aussi, gouvernement et opposition se retrouvent d'accords sur le principe, le plus évident étant, *ex negativo*, leur refus ou alors leur incapacité commune d'imaginer une alternative profonde et véritable à notre vécu philistin, et donc, leur refus de fonder leur pratique de la politique sur la longue tradition de dissidence des peuples africains, leur acceptation donc de l'impossibilité d'une autre République; le plus évident étant donc ici ainsi, le refus d'écouter le long cri qui du cœur du continent africain sourd dans les actes les plus évidents, les plus quotidiens, les plus irréfléchis des populations. O, oui, l'histoire récente de l'Afrique oblige certainement à rêver peu, la descente en enfer de la Côte d'ivoire étant de ce point de vue autant liée au manque d'inspiration de la classe politique de ce pays, qu'à la volonté du président Gbagbo autant de prendre sa population comme sérieux acteur politique, que de mettre en cause le accords liant son pays depuis les indépendance à la France, et cela, disons, au nom d'une idée de la justice qui même si peu radicale est encore défendable, cela oui, dans la ligne de Lissouba qui au Congo déjà en avait eu comme prix son écart du pouvoir. Parler de justice coûte cher, certainement, or c'est à ce prix seulement que la paix peut avoir une chance dans la longue durée sur notre continent: et pas au prix de commissions *ad hoc* de résolution de conflits. Un gouvernement parlant au nom des peuples africains sur quelques instances que ce soit, et qui ne s'ouvre pas à la volonté de justice de ceux-ci, ou alors, subordonne celle-ci à la parole du combat contre la pauvreté et de l'ouverture de l'Afrique à la mondialisation, ne peut pas sérieusement vouloir œuvrer pour la paix dans notre futur. Une opposition qui ne trouve pas non plus de mot pour déshabiller les mascarades économiques de notre présent en laissant soudre dans sa vision le malaise ambiant ne peut pas s'imaginer dépositaire de notre futur. Même si elle gagnait brillamment des élections comme au Benin, elle n'en sera pas moins le visage de notre profonde défaite.

(2007)

11.

Notre avenir est anglophone

Notre avenir est anglophone. Cela ne peut qu'être une évidence pour toute personne qui regarde de manière intéressée l'évolution de la production intellectuelle camerounaise de ces dernières années. Les raisons ne sont même pas liées au fait que de par leur langue d'expression, les auteurs camerounais d'expression anglaise ont sans doute tiré les meilleurs marrons du feu qu'était la colonisation, la langue de Shakespeare leur donnant d'emblée une plateforme globale, avec toutes les retombées que cela comporte pour ce qui est de la dissémination du savoir. Non, elles sont autres, et de mon point de vue, au nombre de cinq.

Premièrement, si l'activité intellectuelle est l'expression d'une respiration sociale, alors la question anglophone est le poumon de ce corps qu'est notre pays. C'est que le futur politique du Cameroun sera lié à la résolution de cette question. Depuis le sabordage de l'UPC avec les années de braise, c'est la question anglophone qui nous promet à tous un futur de liberté. Qu'elle s'exprime sous la forme associative, institutionnelle de l'opposition parlementaire, insurrectionnelle ou même sécessionniste comme c'est le cas avec les 'southern Cameroonians', elle demeure la seule vraie locomotive politique de notre histoire contemporaine. Il est clair pour quiconque observe la géopolitique du pouvoir au Cameroun que la longévité de la dictature chez nous n'est possible que parce que les deux dictateurs qui en cinquante ans se sont succédés à Yaoundé ont au minimal toujours été suffisamment intelligents pour ne jamais se quereller trop longtemps avec les nombreux pouvoirs, même militaires, qui se sont succédés au Nigeria. Nos potentats ont ainsi toujours arraché aux forces du changement le gite naturel que le gigantesque Nigeria aurait fourni à ces derniers. L'arrestation de Liman Oumate à Maiduguri – au Nigeria donc – en est la preuve ultime. Or, en contrepoint, la ceinture francophone de l'infamie que composent le Tchad, la RCA, le Congo et le Gabon ne peut servir qu'à étrangler notre futur, elle qui se compose de Nerons au pouvoir le plus long en Afrique.

Mais notre futur n'est pas seulement anglophone parce qu'avec le Nigeria, nous avons notre seul voisin qui ne reçoive pas ses ordres de Paris – paradigme qui seul nous donnerait d'emblée un avenir. Notre futur est anglophone parce que, deuxièmement, c'est la vivacité intellectuelle d'un peuple qui lui fabrique des lendemains qui chantent. Le futur s'invente, et la littérature en est le fourneau. Or les auteurs anglophones qui ont pris le Nigeria au sérieux, par exemple le trop tôt décédé Bate Besong, sont aussi ceux qui dans les productions nationales de notre intelligence, se sont montrés les plus récalcitrants, c'est-à-dire les plus impatients devant la longueur du *status quo*. Mais la flambée de littérature qui pousse autour du tombeau encore chaud de Bate Besong est immense, elle qui s'exprime dans les productions d'auteurs au talent de chef d'orchestre comme Francis Nyamjoh, dont les romans *Souls Forgotten* et *Married but not available* sont une revue de notre temps, du point de vue autant du sexe que de la violence; comme Peter Vakunta qui allie le talent du conteur (*Grassfield stories from Cameroon*) à celui du poète (*Majunga Tok: Poems in Pidgin English*) et de l'essayiste (*Cry My Beloved Africa*).

Boudée trop longtemps par Yaoundé avec ses éditions Clé, il s'est entretemps fabriqué une génération d'écrivains anglophones qui s'en fiche pas mal, et a choisi Bamenda comme sa capitale littéraire. Voilà notre troisième raison d'espérer. Avons-nous ici une répétition de la dissidence des années 1990 qui partit de Bamenda aussi, comme on se souvient? Qui sait? Pourtant, ah, notre littérature nationale gagnerait à ne pas répéter les idioties sanglantes du politique, et notre pays à fêter les auteurs des éditions Langaa: Ntemfac Ofege, journaliste et écrivain (*Mamondo, The Return of Omar, Children of Bethel Street, Hot Water for the Famous seven*); Dibussi Tande (*No Turning back: Poems of Freedom 1990-1990*), Rosemary Ekosso (*The House of Falling Women*), Joyce Ashutantang, Tikum Mbah Azonga, Sammy Oke Akombi, Emmanuel Fru Doh, et tous les autres. Nous sommes loin ici des fascicules dactylographiés inspirés de la littérature du marché d'Onitsha, qui s'achètent encore aux poteaux du marché de Bamenda, du genre *The Challenge of young girls* de Kemonde Wangmonde ou *Manka'a* de Ngwa Neba, et dont les éditions Clé essayaient d'imiter le format en 1999 avec un *Tales from the Grassland and the Forest* de Ngoh Agnes Nzuh, rare texte en anglais publié par cette maison. Ici un partenariat (pas la coédition, s'il vous plait!) avec la Michigan State University Press permet aux œuvres des auteurs de pénétrer le marché américain, et donc avec lui, le marché mondial. Notons qu'elles le font sous le sigle de leur maison d'édition basée au quartier Mankon. L'instrument ici? Internet! Dites-moi donc qu'il ne s'agit pas d'une révolution littéraire.

Je l'ai déjà souligné: notre futur est anglophone. C'est qu'une intelligence novatrice se fabrique ses propres instruments de communication. Et voici ma quatrième raison. Ainsi la revue *Palapala* de Kangsen Wakai sert de relai à une génération d'écrivains installés tant aux États-Unis qu'en Australie, au Cameroun qu'à Londres, au Sénégal et au Nigeria, quand ce n'est pas des blogs comme celui de Dibussi Tande: *Scribbles from the Den.* Le festival littéraire EduArt de Buéa, organisé par Joyce Ashuntantang, et qui a couronné en 2008 Victor Musinga et Bate Besong, a trouvé en Chinua Achebe et Niyi Osundare ses patrons. C'est ici sans doute qu'il faut mentionner en parallèle, le travail abattu à partir de Cape Town en Afrique du Sud par Ntone Edjabe, DJ postmoderne, avec sa revue *Chimurenga,* la seule revue africaine à avoir été mentionnée, et cela de manière élogieuse, par le *New York Times.* C'est que *Chimurenga* est un espace qui inclut des expositions (comme une sur le sexe), des posters (le football), la participation aux évènements artistiques comme la Documenta en Allemagne, mais surtout, dernièrement, une librairie virtuelle de toutes les revues les plus influentes du monde africain. Comment ne pas fêter ce dynamisme anglophone? Tout est logique: le parcourt extraordinaire de Ntone Edjabe l'aura bien sûr mené d'abord au Nigeria, jeté lui aussi au dehors de notre pays par le tumulte des années de braise.

La dernière raison de notre espoir, la cinquième, est que ce bouillonnement intellectuel aura rejoint le langage général de la critique, et surtout de ce que, en philosophie esthétique africaine, il est désormais lieu d'appeler l'école camerounaise de la critique. Et cela aura été possible surtout avec la publication de nombreux articles en anglais par Achille Mbembe, et surtout de son *On the Postcolony,* livre qui, s'il en est un, a redonné vigueur aux études postcoloniales composées chez nous depuis l'exigence de Bernard Fonlon, et surtout, livre qui prend comme métonyme le Cameroun. Mbembe, visiteur régulier des campus américains, où son influence est des plus grandes, est basé lui aussi, osons le dire, dans un espace d'expression anglaise, l'Afrique du sud. Devant telle floraison de talents camerounais en anglais, comment ne pas pousser un ouf! de soulagement? Car si le présent macabre de notre pays n'en finit pas de durer, au moins nous pouvons dire aujourd'hui que le Cameroun a un avenir, et que celui-ci est anglophone.

(2009)

Tactiques

1.

Les dix commandements du manifestant

1. Ne commettez pas d'actes de violence.

2. Isolez ceux qui en commentent, car ce sont des saboteurs, mais ne leur faites rien.

3. Ayez toujours le drapeau vert rouge jaune avec vous.

4. Chantez l'hymne national quand les soldats chargent – chantez l'hymne le plus possible.

5. Ne manifestez pas en rythme désordonné.

6. Offrez des cadeaux aux soldats les plus proches, de l'eau, des bananes, des oranges.

7. N'insultez pas les soldats, car tout Camerounais qu'on insulte se fâche.

8. Parlez-leur comme à des frères et sœurs.

9. Si un seul bataillon fraternise, les autres vont tomber, car les soldats ne vont pas se tirer dessus.

10. Rappelez-vous le transport en taxi ou en car au pays: quand un soldat est assis à côté du chauffeur, les gendarmes et les policiers laissent le taxi ou le car passer. Ça se passe déjà au Cameroun. C'est donc possible chez nous de fraterniser avec les soldats.

VIVE LE CAMEROUN!

2.

Pour un front constitutionnel

L'heure est grave. Devant l'hypothèse d'un changement de l'article 6 de la Constitution qui aurait bientôt mis à la retraite Paul Biya, les forces de l'opposition chez nous sont silenciées. Ces âmes courageuses, quand elles se mobilisent, se heurtent à la violence de la police du dictateur. Pour nous qui sommes à l'étranger, il est plus qu'alarmant de lire que l'un des rares héros qui nous fassent rêver encore, Mboua Massok, ne peut marcher comme il lui sied, lui qui pour seule arme n'a que ses pieds comme jadis Martin Luther King et Gandhi. Il est alarmant de lire que les partis politiques qui protestent contre ceux-là qui veulent déchirer notre Constitution se heurtent aux forces de la police. Il est alarmant tout aussi de lire que dans le même temps, les députés de notre soit disant Assemblée nationale se laissent acheter afin que leur vote n'en soit que plus facile.

La question que chacun d'entre nous qui aime encore son pays se pose, devant cette avancée publique de l'infamie est: que faire? Je propose la formation rapide d'un Front Constitutionnel. Notre pays n'ayant dans les faits pas de Conseil constitutionnel, et notre Cour suprême n'ayant pas, de toute évidence, la latitude de siéger sur des cas aussi sérieux et délicats que les changements des textes de base qui définissent notre République, nous nous retrouvons avec la situation bien saugrenue où seule la voix des députés de notre soit disant Assemblée nationale, en majorité du RDPC, trancheront sur l'essentiel des textes qui fondent la possibilité même de notre paix à tous. Un Front Constitutionnel est la réponse la plus rapide à apporter à telle infamie, car il est important que toutes les bonnes volontés de notre pays, basées ou non au pays, s'unissent pour défendre nos textes fondamentaux.

La paix civile n'est assurée dans un pays que lorsque les institutions y sont renforcées. Or devant l'évidente corruption de nos institutions, de notre Assemblée par exemple, devant l'absence de plates-formes légales de recours, seul un Front Constitutionnel, répondrait à l'urgence avec laquelle il nous faut réagir aujourd'hui pour défendre notre paix. Seul un tel Front peut mobiliser les bonnes volontés autour de la défense effective de nos textes, de notre Constitution, et ceci dans la courte comme dans la longue durée. Les moyens qu'un tel Front utiliserait sont très nombreux, et ils vont des ustensiles classiques de la protestation, à l'activité bien évidente de conviction de nos politiques, et à l'éducation de nos enfants en général. N'est-il pas ironique que Paul Biya soit celui qui le plus ait besoin de leçons en patriotisme constitutionnel? C'est qu'il est important dans notre pays d'inscrire un tel patriotisme, c'est-à-dire le respect du caractère sacré de nos textes fondamentaux, dans notre philosophie de la vie si nous voulons que notre pays survive. Un tel travail est de longue haleine. Il est cependant la seule garantie de notre paix civile.

Le patriotisme constitutionnel est fondé sur le fait que le projet national chez nous a été remplacé, surtout avec les années de braise, par notre fondamentale insistance sur nos droits à chacun. Or ceux-ci ne sont pas connus de toute évidence. Ils sont acquis dans un combat permanent, ou alors au long d'une éducation. Un tel patriotisme est surtout lié au fait qu'avec ses moins de cinquante ans, notre pays est encore très jeune en réalité. Entre nous, si rien, même pas nos deux langues officielles, ne peut nous faire croire qu'un Moundang aurait été dans un même pays qu'un Bassa s'il n'y avait eu la colonisation, rien ne peut non plus garantir que l'un ne coupera pas la tête à l'autre demain. Notre Constitution elle au contraire, votée qu'elle est par nous-mêmes, peut longtemps encore nous tenir ensemble. Elle est notre pacte pacifique.

Nous devons défendre notre Constitution parce que c'est la seule chose qui nous unit. De mon point de vue, bien sûr les écrivains ne peuvent qu'être aux avant-gardes d'un Front pour la défense de notre texte fondamental. Ne sont-ils pas ceux qui à leur table suent chaque jour devant des mots? Ne sont-ils pas ceux pour qui un mot, une phrase, un texte, un livre même manuscrit est sacré? Dans l'urgence de l'action que nécessite l'hypothèse de Biya aujourd'hui, peut-être pouvons-nous donc, écrivains Camerounais, vivant au pays comme dans la diaspora, pour une fois nous unir autour de ce projet simple: défendre le sacré des textes que nous nous sommes donnés. Peut-être pouvons-nous ainsi faire Front avec les forces qui dans les rues de notre pays avalent les gaz lacrymogènes et nous donnent notre première leçon de patriotisme constitutionnel. L'avenir de notre pays en dépend.

(2008)

3.

L'agitation anti-française est une distraction!

Notre saison des mangues débute ce 23 février. Si la révolution camerounaise veut réussir, elle doit tirer des leçons du succès des autres. Chacun de nous devrait donc se poser les questions suivantes: pourquoi lors de leur révolution les Egyptiens ne brûlaient-ils pas des drapeaux américains, alors que tout le monde sait qu'Hosni Moubarak a été soutenu par les Etats-Unis pendant trente ans? Pourquoi les Arabes n'ont-ils pas brûlé les effigies d'Obama comme ils le faisaient toujours pour les présidents américains, ni d'ailleurs le drapeau d'Israël? Plus proche de nous, demandons-nous: pourquoi les Tunisiens ne se sont-ils pas attaqués aux intérêts français, alors qu'Alliot-Marie offrait publiquement les services de la France en matière de police à Ben Ali jusqu'au dernier moment? La réponse est simple: parce que comme l'agitation antiaméricaine pour les Arabes, l'agitation antifrançaise pour nous est une distraction!

Chers amis: réjouissons-nous, réjouissons-nous, car la bataille pour le Cameroun a enfin commencé. C'est notre saison des mangues. Biya est cuit; allons le cueillir! L'heure de notre libération a sonné! Or dans notre pays plus que partout ailleurs en Afrique, il est important d'éviter de sombrer dans la vieille habitude de l'agitation antifrançaise, et de s'attaquer aux intérêts de la France. Voici pourquoi:

1. Comme aucun match de foot ne peut se gagner s'il y a des filets de tous les côtés du stade, aucune bataille ne réussit lorsqu'elle est menée sur plusieurs fronts en même temps. Cela n'est jamais arrivé dans l'histoire. Notre but le plus important aujourd'hui, c'est de chasser Biya du pouvoir. Il va partir! L'agitation antifrançaise devient ainsi une bien naïve distraction. Pire: elle est l'arme cynique de ceux-là qui veulent que Biya, 80 ans, reste au pouvoir chez nous pour sept ans encore, car elle donnerait à la France l'argument nécessaire pour mettre en œuvre la stratégie classique: demander le départ de ses ressortissants (qui pour une majorité au Cameroun, sont en fait des Camerounais!); envoyer ses avions supposés vides au Cameroun pour exfiltrer ceux-ci, comme ils l'ont fait au Tchad en février 2008 lorsqu'Idriss Deby était pris en sandwich par une rébellion qui avait atteint Ndjamena; et ainsi infiltrer dans le pays ses soldats stationnés dans ses bases militaires du Tchad et du Gabon, pour défendre Biya. Or un président qui à Bakassi ne peut même pas sécuriser ses propres sous-préfets et soldats, mais offre 25000 emplois aux jeunes pour acheter leur soutien, est fini.

2. Le Cameroun a une minorité anglophone qui depuis 1990 a toujours été le noyau de la volonté de changement. S'attaquer aux intérêts français viendrait à

stigmatiser le cœur pulsif du mouvement même auprès de certains francophones qui croiraient que 'ce sont encore les anglos qui font des troubles.' N'oublions pas que beaucoup de francophones, y compris ceux de l'élite politique de l'opposition, ont des liens aussi profonds avec la France que Biya et sa clique. Et je citerai par exemple des gens comme l'illustre Mongo Béti qui était de nationalité française, comme on sait. Faire de l'agitation antifrançaise répéterait l'échec des années de braise qui ont vu un mouvement populaire majoritaire faire harakiri, et ainsi être éteint pour vingt ans. Nous ne devons plus commettre cette erreur tactique!

3. Toute bataille se gagne quand elle est basée sur une solidarité sans exclusion des combattants volontaires. Or de nombreux Français prennent et prendront faits et cause pour le départ de Biya, quand ils sauront que le combat n'est pas retourné contre eux. Les mettre dans une situation de choix difficile revient à les obliger à ne pas montrer leur visage lors de la bataille pour le Cameroun, à ne pas créer des chaines de solidarité pour le Cameroun dans leur pays, à ne pas faire pression sur leur gouvernement, alors que tous les bras et toutes les forces sont nécessaires aujourd'hui. Il est inutile de répéter l'erreur tactique de la Côte d'ivoire et surtout de Blé Goudé qui, bien qu'ayant créé une situation impossible, a donné plusieurs fois à la France l'occasion de crier 'racisme' et 'xénophobie', de parler au nom de son pays auprès de la communauté internationale, et finalement de s'imposer comme acteur de la crise ivoirienne.

4. N'oublions pas que la France de Sarkozy est faible, distraite qu'elle est par ce qui se passe en Côte d'ivoire, en Tunisie, en Egypte et partout ailleurs. Ne lui donnons pas l'honneur, ni l'occasion de s'injecter dans la bataille pour notre pays. Nous, Camerounais, gagnerions au contraire à suivre l'opinion de tout jeune d'aujourd'hui qui se fiche pas mal d'elle. Nous gagnerions à suivre la tactique tunisienne et égyptienne qui a produit pour la première fois dans toute l'histoire africaine, le départ de tyrans par la force seule d'un peuple uni dans son but. Nous gagnerions à nous rappeler que même lorsque la France a demandé à ses ressortissants de quitter la Tunisie, jamais les Tunisiens ne se sont retournés contre ceux-ci, ni contre elle. Si donc cette fois nous laissons la France et les Français tranquille et nous concentrons sur Biya, bèbèla il va partir!

(2011)

4.

Faut-il brûler le drapeau français?

La politique c'est l'établissement adroit de coalitions pour la paix, et la mesure froide des relations de force en cas de conflit. La contribution essentielle de Laurent Gbagbo au débat africain autour de la question démocratique aura autant été d'avoir œuvré en 1990 avec le FPI pour la démocratisation effective de son pays, que d'avoir mis en 2004 sur la table de nous tous la question des relations des gouvernements africains avec la France, ancienne puissance coloniale. Pour le Cameroun, en 2011 surtout, il aura transformé la crise ivoirienne en un front sanglant de la nécessaire confrontation de nos pays avec la France. Tel s'explique l'engouement camerounais pour la question ivoirienne.

Or quand celle-ci est débattue ces jours, plusieurs fois l'émotion gagne le dessus sur la stratégie froide qui est l'arme majeure du politique. Ici il serait nécessaire pour tout un chacun de lire l'essai de Lénine: *La Maladie infantile du communisme: le gauchisme*, texte encore plus important parce que les voix qui, au Cameroun surtout, le plus fort transforment Gbagbo en martyr de la 'recolonisation de l'Afrique' bien qu'il ne soit pas mort, sortent de l'UPC, le député Charly Gabriel Mbock en premier, et Mat-Kit et du MANIDEM. Ces voix établissent un lien de continuité entre les figures de la bataille pour la décolonisation de nos pays tel un Um Nyobé ou Lumumba, et Laurent Gbagbo. S'y ajoutent ces autres voix de l'agitation politique occasionnelle, Calixthe Beyala, ou du journalisme militant, Théophile Kouamouo.

L'émotion dessert toujours en politique, on le sait. Pourtant tel n'est pas l'argument majeur qu'il faut leur opposer. La raison oblige en effet à voir que la chute de Gbagbo est la conséquence d'une succession de décisions calamiteuses que ce dernier aura prises, et dont la plus extraordinaire à l'intérieur de son pays est qu'il n'ait pas cru nécessaire de s'adresser au peuple ivoirien au cœur de la guerre civile, alors qu'il avait la RTI. La vie de ces jeunes qui formaient un 'bouclier humain' autour de son palais avait-elle de la valeur pour lui? La peur de leurs parents comptait-elle pour lui? Quant à l'extérieur, que dire? Si les seules voix fortes qui se déclarent ouvertes à votre cause, c'est celle toxique vraiment de Marine Le Pen du Front national, de Me Vergès l'avocat des dictateurs africains, et de Dos Santos qui cumule 32 ans de pouvoir, il est sans doute temps de reconsidérer votre stratégie politique. De même chaque Camerounais devrait réfléchir sur ces évidences simples: aujourd'hui plus qu'en 2000, la Côte d'ivoire est une colonie française: les forces françaises patrouillent à Abidjan; la présence militaire française est renforcée de centaines de troupes en plus; le pays est 'sous contrôle' de l'ONU; Abidjan est devenu un quartier de Paris; le président ivoirien n'est qu'un ministre français d'outre-mer; Gbagbo lui-même a été capturé dans sa chambre comme un vulgaire brigand, son épouse humiliée. Certes l'analyse gbagboisante, autodestructrice et hystérique à souhait, voit dans ces échecs politiques tangibles plutôt le fait que la France ait été enfin 'démasquée', or là à mon avis commence son infantilisme qui a déjà couté la vie à des milliers d'Ivoiriens.

Jamais la révélation d'une évidence politique n'a été payée aussi chèrement, car dans nos pays dits francophones où le pain est synonyme de baguette, quel enfant ne voit pas au déjeuner du petit matin qu'il vit sous le joug français? Faut-il vraiment des milliers de morts, des charniers, des viols, des tortures pour le lui dire? Le 'démasquage' de la présence française en Afrique étant donc une lapalissade car en plus c'est bien la France qui devant tout le monde depuis 1960 est le porte-parole de l'Afrique d'expression française à l'ONU, la seule question qui vaille la peine vraiment est celle de s'avoir comment rompre le lien de vassalité qui en découle. Celle-ci est une question politique. C'est ici, sur cette question claire de stratégie et de tactique, de relations de force et de coalitions pour l'action donc, sur cette question cardinale pour tous nos pays et pour notre avenir comme on sait, que la solution et la méthode gbagboiste n'ont pas seulement totalement desservi la Côte d'ivoire, mais par contagion risquent aussi de saborder les efforts qui au Cameroun aujourd'hui veulent chasser Paul Biya du pouvoir alors que l'âge même de l'homme rend sa fin de règne pratiquement inévitable.

Les dictatures les plus longues du continent africain – le renouveau, en est l'exemple – ne survivent pas seulement quand elles sont assises confortablement sous le parapluie de la Françafrique. Comme Kadhafi qui dernièrement se fabriquait un pouvoir dynastique, Mugabe qui au bord de la tombe fait la moue devant la retraite, elles survivent aussi lorsqu'elles se nourrissent au fiel de l'agitation antioccidentale. Voilà un gauchisme qu'elles ont de Fidel Castro qui en a écrit le scenario jadis, et il n'est pas surprenant qu'aujourd'hui un Yayah Jameh de Gambie y découvre un oxygène qui avait déjà un moment nourri Dadis Camara, et bien d'autres apprentis dictateurs. Or ici, il n'est pas jusqu'à Paul Biya qui n'ait vu dans le gbagboisme un fonds de commerce, lui qui traine les pieds à reconnaitre Ouattara président, et lui dont des stratèges politiques, Hubert Mono Ndzana surtout, s'étaient déclarés gbagboistes depuis longtemps. Chevaucher le tigre du gbagboisme est un opportunisme juteux au Cameroun, ce pays s'étant ces jours-ci transformé en une province ivoirienne. Ainsi dans la ferveur de leur nouvelle nationalité de choix l'autre jour à Hambourg, ce ne sont pas des Ivoiriens, car ils ont mieux à faire eux, mais des Camerounais qui se sont réunis pour dans une cérémonie de vodou politique, brûler le drapeau français. Et voilà un groupe qui il y a quelques semaines lançait des appels à la révolte populaire dans notre pays qui soudain se retrouve un allié objectif des grandes ambitions. Il est des ironies de l'histoire qui surprennent, mais celle-ci en est-elle une vraiment? Les Camerounais ne seraient pas surpris, eux qui après tout ont vu John Fru Ndi se rapprocher finalement de Biya pour formaliser une alliance objective qui depuis vingt ans au moins sabordait dans son dos le mouvement démocratique dans notre pays. Il ne suffit pas de crier qu'on œuvre pour le changement pour le faire vraiment.

La question que chaque acteur du changement au Cameroun devrait toujours se poser c'est: pourquoi Biya est-il resté si longtemps au pouvoir? La politique n'est faite que d'alliances objectives pour composer et recomposer des relations de force, et les crises accélèrent le processus de formalisation de celles-ci. Découverte une fois de plus sur le front ivoirien, l'agitation anti-française est au mieux la distraction la plus récente que le mouvement démocratique camerounais ait eu sur son chemin, et au pire, la concaténation d'intérêts divergents sur la question de la liberté qui fait palpiter notre cœur à tous, mais pourrait bien allumer un feu qui brûlerait notre maison au lieu de nous réchauffer. Aux forces qui veulent réellement le changement au Cameroun, à tous ceux-là qui célèbrent nos héros de la décolonisation par-delà les martyrs qu'ils auront été, il importe de demander de réfléchir sur cette équation tunisienne simple: pourquoi les jeunes de Tunis n'ont-ils pas brûlé de drapeau français dans la rue lors de leur révolution du jasmin? Et puis: pourquoi les jeunes égyptiens dans leur rage n'ont-ils donc pas, comme leurs ainés l'ont fait pendant trente ans sans succès, brûlé eux aussi le drapeau américain ou israélien et l'effigie du président américain dans une cérémonie publique d'exorcisme? Eh bien parce que, je dirais, ils ont compris enfin que dans la bataille pour la démocratie, il est des actes politiques qui aident autant le dictateur qu'ils desservent le peuple: pour nos pays dits francophones, l'agitation antifrançaise est le premier de ces actes-là. Ils ont surtout compris ceci, ces jeunes: nous commencerons enfin à être libres lorsque deux Camerounais se rencontreront dans un taxi à Yaoundé, et leur sujet de conversation ne sera plus la France ou les Français, et encore moins Sarkozy.

(2011)

5.

Clin d'œil au soldat camerounais

Toi soldat, tu sais te servir d'un fusil; moi je n'en ai jamais touché aucun. Tu es cependant mon frère. C'est en tant que tel que je te demande aujourd'hui: as-tu regardé les évènements de ces dernières semaines à la télé? Comme moi tu as vu des peuples longtemps tyrannisés se lever en Tunisie et en Egypte, pour demander le respect de leur liberté, et l'obtenir. Tu as vu Moubarak qui comme Biya était au pouvoir depuis trente ans, envoyer la police contre la population. Tu as vu celle-ci refuser de tirer sur les gens. Tu as vu le président d'Egypte ensuite envoyer les chars de son infanterie contre le peuple, et ceux-ci refuser de tirer dans la foule. Ah, je suis sûr que tu as également vu comment désespéré, il a lancé ses avions de l'air et ses hélicoptères, et tu as vu les chasseurs de l'armée égyptienne refuser de jeter des bombes sur leurs frères. Tu as sans doute vu comment le président a ensuite envoyé son autodéfense tabasser les gens, après que les vrais soldats aient refusé de les tuer. Aucun tyran abandonné par l'armée ne peut tenir, car toute armée nationale est l'expression du peuple. C'est que tout soldat a un frère, une sœur, une mère, un père, un grand-père, une femme, un enfant, un cousin, qui font partie du peuple. Et aucun soldat ne peut se prévaloir d'être aussi intimement attaché au président de la République, qu'il l'est au peuple. Quelle que soit son ethnie.

Je sais que tu vois aussi ce qui se passe en Lybie: un président qui tire sur ses compatriotes; une armée retournée contre le peuple. On ne nait pas soldat, on le devient. Mais le vrai soldat vient du peuple; ne l'oublie jamais. Tout corps armé qui se retourne contre la population devient aussitôt un gang de mange mille, de coupeurs de route, de brigands, une milice, et mérite d'être détruit. Il en a été ainsi lorsqu'en 1984, des soldats de la Garde républicaine (GR) de notre pays s'étaient mis du côté des putschistes qui défendaient Ahidjo alors que celui-ci n'était plus que citoyen. Ainsi en a-t-il été lorsqu'il y a quelques années au Zaïre, l'armée nationale s'était transformée en bande de mercenaires parce que mise à la solde du tyran seul. Ainsi en a-t-il été également au Rwanda lorsque l'armée nationale de ce pays a commis un génocide parce que tribalisée par le président. Toute armée qui ne sert qu'un homme ou une partie du peuple perd automatiquement le droit de se nommer nationale; toute armée qui utilise des vraies balles contre les citoyens est criminelle. Or tout peuple a l'obligation de se défendre quand l'armée qui était supposée le protéger se comporte envers lui comme des brigands, parce que se défendre contre des brigands, c'est faire preuve de ce courage sublime qui est citoyen.

Le peuple camerounais se réveille! Soldat, ce 23 février c'est toi qui t'es mis sur son chemin, car le peuple duquel est sortie l'armée, la gendarmerie tout comme la police nationales camerounaises, est très courageux. C'est bien lui, oui, c'est nous qui en 1940, ne l'oublie jamais, avons formé en premier derrière Leclerc, le gros des 40,000 soldats qui sont allés libérer la France quand celle-ci avait plié le dos devant les nazis. Ce sont nos frères, pères, et grands-pères, c'est nous qui venant de toutes les ethnies du pays, avons traversé la forêt, la steppe, le désert, pour aller à Koufra, à Bir Harkeim, à Strasbourg nous battre pour aider la France de Charles de Gaulle à se libérer de la tyrannie pétainiste. C'est la population camerounaise, c'est nous donc, qui à un moment de notre vie avons préféré nous battre avec des fusils de bois, et même avec les mains nues dans les maquis de la forêt bassa et sur les plateaux bamiléké, au lieu d'accepter les ordres d'Ahidjo qui sera à la fin condamné à mort lui aussi dans notre pays, comme on sait. Si cette bataille de vingt ans est demeurée sombre dans notre mémoire, ceux qui parmi nous l'ont menée ont été justement reconnus héros nationaux en 1990, parce qu'ils sortaient du peuple.

Si l'armée camerounaise veut être le reflet de ce courage historique du peuple camerounais devant la tyrannie, elle n'a pas le droit d'allonger l'oppression de celui-ci. Trente ans de pouvoir pour un seul individu, voilà la tyrannie. Biya, voilà notre commun oppresseur! Car comme toi, soldat, la large majorité des Camerounais n'a connu de toute sa vie qu'un seul président, Paul Biya. Si nos choix avaient été respectés, il en aurait été autrement depuis vingt ans déjà. Seulement, le vrai problème au Cameroun aujourd'hui c'est l'armée. En mars 2008, en les tuant, les soldats traitaient nos petits frères de 'casseurs' et de 'vandales'; en 2000 lors des commandements opérationnels, tout jeune était un 'bandit' pour eux; en 1990, tabassant nos camarades étudiants, ils disaient: 'le Cepe dépasse le Bac'. Ce 23 février une fois encore c'est toi, soldat, oui c'est toi, qui as occupé les rues pour défendre le despote. Lors des moments décisifs de notre histoire, les soldats camerounais ont toujours retourné leurs fusils contre le peuple camerounais, or, à la différence de Ben Ali, de Moubarak et de Kadhafi, Biya n'est même pas un militaire. Soldat, pourquoi le défends-tu donc autant? Avant Biya, il y avait l'armée camerounaise; après Biya, il y aura toujours l'armée camerounaise. Sache donc, toi policier, toi militaire, toi gendarme, que la bravoure d'un soldat ne se mesure pas au nombre de ses compatriotes qu'il a tués, mais au nombre d'ennemis qu'il a mis en déroute. Le courage de l'armée camerounaise ne se mesurera jamais au nombre de Camerounais qu'elle a tué ou tabassé. Le jour où comme tes collègues de Tunisie, d'Egypte qui ont ton âge et ne sont pas moins honorables et fidèles que toi; le jour où tu te mettras enfin aux côtés du peuple camerounais, Biya et sa clique prendront la fuite, et le peuple t'embrassera. Bèbèla.

(2011)

6.

Pourquoi Eto'o ne doit plus marquer des buts

Les analystes des mouvements historiques dans notre pays gagneraient beaucoup à réfléchir un peu plus sérieusement sur les dimensions salutaires des échecs des Lions indomptables. Après tout, le football est finalement si entré dans notre psychè nationale qu'il y a remplacé le respect des 'traditions ancestrales', et même l'idéologie ('unité nationale', 'intégration nationale', etc.). Seule chose qui nous relie vraiment encore, il a la dimension sociale de notre Constitution nationale – notre Constitution de 1996 étant aujourd'hui devenue emballage de beignets! Or si la sagacité de nos analystes explose, inspirée, quand il s'agit de décortiquer les causes et aboutissements de nos forfaitures économiques, politiques, sociales, et même sexuelles, finalement leurs plumes sont toujours très courtes devant les échecs de nos chers Lions indomptables. Peut-être est-ce le nom de ces Lions-là qui les aveugle ainsi; 'indomptables' qu'ils sont et doivent toujours être pour nous, même quand ils se font tabasser!

Ainsi il y a quelques temps nous lisions une exhortation de Mbembe, fustigeant l'inculture publique de Samuel Eto'o, demandant à notre félin goléador, du haut lointain sud-africain de sa chaire professorale, d'entrer un peu plus dans les bibliothèques et les musées d'art, et un peu moins dans des boites de nuit pour fêtailler après ses buts. Ah, notre Eto'o national qui ne lit pas, recevait ainsi une raclée du professeur d'histoire, un peu comme il y a quelques années encore dans notre pays nos parents demandaient à leurs gamins de laisser tomber le ballon, et d'aller prendre leurs cahiers d'écolier! Mais Eto'o a-t-il seulement lu les mots de Mbembe? N'est-ce pas Mbembe qui se trompait d'époque quand il nous paradait Thuram comme exemple de ce qui nous manque? Dans la même lancée aujourd'hui, il est demandé à nos Lions de devenir 'footballeurs-intellectuels', bref, de continuer cette histoire intellectuelle-là qui veut qu'il y ait un tribun bouquiniste au milieu de toute histoire sociale, sinon au-devant de celle-ci, chaque fois qu'elle se met en branle.

Avec l'écho des jeux olympiques qui approche, Mba Talla se fait le porte-parole de cette demande expresse. Ses mots ricochent dans notre esprit au moment même de notre deuil intellectuel, la sphère publique camerounaise étant devenue encore plus aphone, après la mort en série de nos longs crayons les plus écoutés et les plus perspicaces. Bref après la mort de Mongo Beti, qui certainement a commencé chez nous la tradition de l'exercice public de l'intelligence dont il s'agit ici, après le silence de Philombe, Bebey, Hebga, et les forfaitures tactiques de la génération intermédiaire, les Kamto et autres Basseck, faut-il donc que notre salut intellectuel ne vienne plus que des footballeurs bavards du genre Jojo Bell? La question, sérieuse vraiment est: qui donc va nous sortir de notre jacassant ronron pour enfin nous propulser dans l'histoire? Une parole de footballeur suffit-elle donc pour nous réveiller de notre actuel miasme historique? Ou alors: un geste symbolique est-il suffisant pour mouvoir notre histoire si poussive, et qui a attendu, comment le croire?, dix-huit ans pour se remettre en branle et exiger notre liberté? Mba Talla demande aux Lions d'arborer un brassard noir à Beijing à la mémoire de la centaine de camerounais tués en février 2008. Dire que j'aime cette idée! Car combien dompteraient-ils enfin les esprits, ces Lions avec un tel acte, à la manière de ces noirs américains, Tommie Smith et John Carlos qui aux jeux olympiques de 1968 à Mexico City, levèrent leur poing pour dire la cause des Blacks Panthers, et entrèrent dans l'histoire pour avoir proclamé au monde la condition silencieusement castrée des noirs dans leur pays!

Ah, si nos Lions, au lieu de danser le makossa à la Milla après un but, pouvaient poser ce genre d'actes sublimes et politiques courageux! Et puis quoi alors? Dirait la sagesse camerounaise. Or voilà la question qui devrait aussi nous intéresser, car elle demande de mesurer l'ancrage social réel des actes public de nos footballeurs. Cette question simple que poserait quiconque dans nos bars nous oblige, plus que d'attendre notre salut de paroles et de gestes symboliques d'athlètes, de mesurer surtout la portée historique de leurs succès et de leurs échecs. Car comment peut-on avoir déjà oublié que le soutien politique si tamtamé chez nous, qui a accompagné les Lions indomptables au Ghana augurait en réalité de lendemains politiques obscurs? Comment le croire: même la ministre de la culture faisait partie de la délégation de football! Dire donc qu'il ne s'agissait pas seulement de sport n'est que lapalissade, nos Lions ayant toujours, avec leurs succès comme avec leurs échecs, accéléré ou ralenti notre histoire. Se demander aujourd'hui si les Camerounais, repus par une victoire finale des Lions au Ghana, auraient accepté en silence le changement infâme des articles de la Constitution de 1996, est certes spéculation. Pourtant l'évaporation peu glorieuse de nos chers Lions après leur échec à Accra n'est-il pas le lieu où il faut commencer si nous voulons faire une histoire de cette colère qui jeta la centaine de nos petits-frères dans les rues de la mort en février dernier?

C'est que les échecs des Lions indomptables ont une portée volcanique chez nous. Combien d'entre nous qui ont mon âge ont oublié les larmes de la colère versées après la déculottée publique de notre dream-team à la coupe d'Afrique des nations de mars 1990, elle qui deux ans auparavant, avec Milla, Kunde, Tataw, etc., était entrée dans la légende à Casablanca; elle qui en 1986 était allée en finale, après avoir été championne d'Afrique en 1984? Comment oublier que l'humiliation des Lions à la CAN de 1990 était le début de notre réveil national, cette humiliation qui avait fait de Maboang, avec ses deux maigres buts marqués contre le Kenya, le meilleur buteur de toute la présence de nos Lions édentés au tournoi? Faut-il être un apprenti-sorcier pour se rendre compte que notre colère après la défaite de mars 1990 n'aura pas attendu plus de trois semaines pour se conjuguer dans les rues de nos villes avec les années de braise? Ah, combien gagnerions-nous à tracer les lignes rouges de ce genre d'histoire! C'est qu'elles nous révèlent en fin de compte combien nos footballeurs sont liés dans leur déconfiture à la fabrique même de notre futur! Or plus que nos analystes, nos politiques le savent, Biya en premier, ce Néron qui a toujours voulu se draper du vêtement de la gloire des stades, s'est d'ailleurs une fois déclaré sélectionneur – comme chaque buveur de nos bars – et se nomme 'homme-lion'.

Pourtant les dessous de la transformation du football en lieu ultime des constitutions publiques africaines sont infâmes. Ils sont criminels d'ailleurs. Ainsi le silence de l'intelligence continentale au cours du génocide des Tutsi rwandais n'a-t-il rien à voir avec la CAN dont les demi-finales (Nigeria contre Côte d'ivoire, et Zambie contre Mali) se déroulaient le 6 avril 1994, c'est-à-dire le jour même où l'avion du président rwandais fut torpillé; la CAN dont même le début réel des tueries rwandaises n'avait pas empêché à la finale d'avoir lieu le 10 avril? Peut-être faut-il commencer à regarder dans le football aussi les causes de telles distractions coupables de notre continent. C'est que le football est notre distraction historique, inch'Allah! Il peut pourtant aussi être le feu de notre sursaut réveillé. Les Lions indomptables ont le potentiel de nous fâcher vraiment, mais aussi de nous plonger dans le ronron centenaire. Plus que le geste symbolique de quelques-uns d'entre eux, c'est leur ancrage social qui leur fait écrire les pages tumultueuses de l'histoire du Cameroun à coup de ballon. Il en est ainsi de la génération de Milla comme de celle d'Eto'o. Leurs succès sont plus néfastes à la mise en branle sociale réelle de notre pays que leurs échecs. Voilà une relation entre histoire politique et football que les analystes de nos mythes contemporains ne doivent pas laisser aux politiques seuls. Car alors ils se rendraient compte que si Eto'o parle, il aide son pays; s'il ne marque pas de buts, il l'aide encore mieux.

(2008)

Outrages et dénonciations

1.

Le procès de Mouafo Djontu

Il est des moments où la dictature, en soumettant un de ses citoyens à ses tribunaux, choisit elle-même de passer en justice. Quelques-uns d'entre ces moments ont inscrit l'horreur de leur évènement dans notre mémoire. C'est qu'au lieu de se repentir, le dictateur aura plutôt choisi de passer son coutelas tranchant sur le cou sacrificiel de ces citoyens qu'il accuse de troubler son ordre inique. Epeler la liste de ces heures de terreur remonterait jusqu'au sacrifice de Socrate sur l'autel du mensonge d'Etat. D'autres ont dessiné dans notre conscience de rares instants de triomphe sur les chemins cahoteux de notre liberté. Le procès intenté jadis dans notre pays à Célestin Monga, pour la sincérité d'une lettre ouverte au Président de la République, a sans nul doute cette dimension sublime pour notre histoire. Et puis également celui intentè à Yondo Black. Et quoi d'autre encore? C'est qu'ils ne sont pas très nombreux chez nous, ces procès-symboles. Beaucoup de dictateurs ont l'intelligence de ne pas se soumettre au rite d'auto-accusation qu'ils signifient: ils les évitent tout simplement. Les grandes ambitions, hélas, n'ont pas cette intelligence. Le procès intenté à Mouafo Djontu et aux cops de l'ADDEC en est la preuve.

Ils ne sont pas nombreux non plus, ces moments d'auto-accusation, parce que parfois notre conscience distraite ignore les instants où les dirigeants de notre pays choisissent de se mettre à nu devant nos yeux, et ainsi de présenter leur hideux cache-sexe à nos regards effarés. C'est que la dimension symbolique de ces instants nous échappe trop de fois, et ainsi s'évapore en silence le capital qu'ils nous auraient permis d'arracher aux bras de ces pieuvres qui nous étranglent en riant. En livrant Mouafo Djontu et ses camarades de l'ADDEC aux tribunaux de notre pays, c'est notre pays et ses dirigeants que Madame Dorothy Njeuma a livré au jugement de ses propres citoyens. En trainant devant la justice des jeunes qui n'ont toujours professé que la non-violence, c'est la violence du renouveau qu'elle a une fois de plus mise à nu. En jetant à la barre des jeunes qui ne demandent rien d'autre que de mettre le savoir universel à leur portée, c'est la stupidité bornée et fière du système d'enseignement de notre pays qu'elle a livré au tribunal. En accusant ces jeunes gens qui n'ont toujours montré que leur bonne volonté, c'est la mauvaise volonté avec laquelle notre classe dirigeante regarde sa jeunesse se fracasser le visage contre les murs bouchés de son futur qu'elle a livré en justice. Et en livrant à la police des citoyens qui ne veulent que se faire un avenir et ainsi en donner un à notre pays, c'est à nous tous qu'elle a choisi de montrer publiquement que les grandes ambitions refusent au Cameroun un futur!

Ne nous trompons pas: la mise en branle expéditive quand il faut garder à vue, mais soudain logiquement poussive des mécanismes bancals de la justice camerounaise; les délais du procès étonnement repoussés au 12 Janvier 2006, mais en connaissance de cause; le tamtam sur les semblants de légalité d'un système dont on sait qu'il a toujours craché sur les lois qu'il s'est votées lui-même; la langue de bois et les bégaiements des bureaucraties universitaires qui s'inventent encore plus de chefs quand elles auraient dû inventer des chemins pour sortir de l'impasse actuelle; l'arithmétique de jours et de délais qui devraient desétudiantiser en silence les étudiants récalcitrants; les inutiles remue-ménages de nos jours qui en fait comptent sur le soporifique qu'ont les fêtes de fin d'année sur nos consciences, ne sont que de nombreux visages d'un système qui s'est rendu compte que la grève estudiantine, et surtout, le procès de Mouafo Djontu et des cops, l'encombrent, et donc veut nous dribbler. C'est qu'ils savent, les magistrats de notre pays, les administrateurs, et chanceliers de notre université; ils savent, les sbires des grandes ambitions, les technocrates de la violence, les docteurs de l'ignorance, et les polices du désordre; ils savent, oui, que c'est la jeunesse camerounaise qu'avec Mouafou Djontu et ses camarades, ils ont choisi de mettre sur le banc des accusés. Ils savent donc que, même si ce ne sont pas leurs enfants, ce sont ceux de leurs frères ou de leurs voisins; même si ce ne sont pas leurs cousins, ce sont ceux de leurs amis, ou d'ailleurs leurs petits-frères et neveux; que ce sont les jeunes d'aujourd'hui tout comme ceux de demain, qu'avec Mouafo Djontu et ses camarades, ils ont choisi de trainer au tribunal. Ils savent donc, les sorciers du renouveau, que c'est toute la jeunesse camerounaise qu'ils ont choisi de sacrifier à l'autel de leur si mauvaise volonté!

Allons-nous les laisser faire? Silencieux nous avons vu jadis nos intelligences jeunes les plus visionnaires être asphyxiées dans les antichambres de procès évidés, de jugements infiniment repoussés, hâtifs, nocturnes, ou déclarés non-lieux, mais exécutés. Nous avons vu nos têtes les plus prometteuses obscurément être écrasées sous les pattes mortifères de la pègre. Nous avons soufflé soulagés quand leur survie chanceuse s'est révélée en public, parce que nous savons qu'il y a d'autre jeunes qui ont été tués, percés d'une balle dans la nuque comme ces étudiants de l'université de Buéa, assassinés par des fusils mis aux ordres de Madame Dorothy Njeuma! Nous avons retrouvés nos leaders à nous, refugiés dans des pays les plus inimaginables de notre imagination, et jamais nous n'aurions soupçonné que leurs errements sur les routes de la souffrance au Benin, au Burkina Faso, au Togo, en Côte d'Ivoire, au Tchad, en Lybie, au Sénégal; que leur vie fracassée sur l'infini macadam de l'exil, aura été le prix qu'ils auront dû payer pour avoir dit tout haut ce que nous pensons tous en réalité! Nous avons d'ailleurs applaudi quand nous avons lu qu'ils s'étaient retrouvés dans des camps de refugiés de Bruxelles, de Hambourg ou alors de New York, parce que nous avons toujours cru qu'une vie de refugié vaut mieux qu'une vie sous les grandes ambitions, quand nous aurions dû en fait soupçonner l'enfer auquel ils ont été livrés, parce qu'à notre place ils auront pris la barre de la si juste et si nécessaire défense de la jeunesse camerounaise. Allons-nous laisser cette sale histoire se répéter?

C'est vrai, nous avons quelques fois imaginé haineux que ces éclaireurs précoces de nos consciences avaient continué pour leur bien sur des chemins cahoteux mais nantis, l'élan révolutionnaire avec lequel ils auront rendu blanches quelques-unes de nos années universitaires. Nous les avons accusés d'avoir ténébré une partie de notre futur, quant au fond c'est la gratitude que nous aurions dû leur montrer pour avoir ouvert notre intelligence à l'ignorance qui se cultive sciemment et méthodiquement dans notre université, et pour laquelle il est en plus demandé de payer des sommes exorbitantes! Allons-nous, ici également, laisser Mouafo Djontu et ses camarades être jetés en pâture sur les chemins honteux de l'échec cuisant des politiques de notre pays devant notre jeunesse? Allons-nous les laisser être sacrifiés sur l'autel autant de l'incompétence de nos dirigeants que de notre silence? Nous savons: c'est le système universitaire, et d'ailleurs, c'est tout le système d'enseignement de chez nous qui le 12 Janvier 2006 est mis en procès. Allons-nous donc cette fois aussi laisser la machine judiciaire de chez nous jeter nos jeunes leaders hors de l'université comme c'était le cas pour Senfo Tonkam, Tene Sob et autres? Et si ce procès où ils doivent comparaitre avait lieu à la date annoncée, allons-nous les laisser être condamnés pour avoir si justement dit ce qui est vrai et que nous savons tous qui est vrai: la profonde gangrène universitaire de chez nous? Pour donc nous avoir donné à voir cela qui devrait nécessairement être applaudi dans tout pays qui se respecte: une jeunesse responsable? Allons-nous laisser nos frères de l'ADDEC être tués quand nous savons que dans toutes les universités de la terre leurs revendications seraient devenues affaires d'Etat?

C'est notre jeunesse qui est mise en accusation. C'est donc la jeunesse que nous devons défendre. Une, deux, trois, dix, vingt fois la machine du renouveau a différé le problème de la jeunesse en sacrifiant ceux des étudiants qui avaient eu la présence d'esprit, et l'intelligence, de voir les racines cahoteuses de son avenir. Et avec une, deux, trois années de différence, elle a toujours retrouvé sur sa table, têtu, ce même problème qu'elle sait et que nous savons si juste et si incontournable. Dans ses bureaux, dans ses prisons, devant ses tribunaux, elle a retrouvé, avec une, deux, trois années de différence, la voix identique de jeunes camerounais toujours perspicaces qui derechef lui disent cette évidence que nous savons tous: que l'avenir de la jeunesse camerounaise ne se bâtit pas dans la routine sommeilleuse de discours du Président de la République le 11 février – mais dans la réflexion concertée. Qu'il ne suffit pas d'accourir en pyjama avec des caméras de la CRTV derrière soi, pour éteindre un feu vieux de trente ans – mais développer une vision sérieuse. Qu'on n'arrache pas aux jeunes leur voix en les soumettant à la torture – mais en l'écoutant avec attention. Et surtout, qu'on ne résout pas les problèmes de l'université en fabriquant des boucs émissaires – mais en les prenant à la base. Allons-nous accepter que la justice camerounaise fasse autre chose le 12 Janvier 2006 qu'acquitter Mouafo Djontu et ses camarades? Allons-nous laisser qu'elle fasse autre chose que les restituer purement et simplement dans leurs droits d'étudiants afin qu'eux aussi se bâtissent cet avenir, le nôtre, pour lequel ils ont eu le courage de mettre leur vie en jeu? Remarquons en *post scriptum* que nous n'avons même pas demandé à notre justice qu'en plus, elle s'excuse auprès d'eux pour la violence physique et morale que leur a infligé notre police: n'est-ce pas légitime de le demander aussi étant donné que notre pays se dit être une République, et une démocratie avancée de surcroit?

(2006)

2.

L'emprisonnement de Norbert Ndong

Il y a deux ans déjà que Norbert Ndong a entamé la décennie de sa vie carcérale. Pourtant les mots avec lesquels il a clôt son propos public ont résonné jadis, pas seulement jusqu'à New York où j'enseigne, moi qui fus de ses étudiants, mais jusque dans les racines intellectuelles de notre désordre national: 'ma brillante carrière a été brisée.' C'est clair, l'indignation de toute intelligence devant son crime ne saura empêcher de se poser des questions bien simples. Pas seulement la plus évidente: comment en est-il arrivé-là? Car au fond, le crime du professeur Norbert Ndong a été bien établi par le tribunal, détournement de fonds publics, 141 743 272 FCFA destinés à l'éducation de nos petits-frères et sœurs, ses étudiants en somme, ses enfants. Sa condamnation est donc celle que mérite quiconque, adulte, vole la nourriture destinée à des nourrissons. Pire, le récit de sa descente en taule est le roman le plus cocasse qui a sans doute bien amusé la galerie de notre République: le contrat avec des feymens en gandoura, la cérémonie de désenvoûtement dans son bureau du ministère de l'Education nationale, l'ouverture des coffre-fort publics sur ordre des magiciens, l'aveuglement subit, le réveil maniaque, la prière de l'intellectuel à genoux au monastère, le parfum mystique, la fuite en catimini, l'arrestation à Douala, et quoi d'autre?

Comment taire l'envie de pouffer de rire devant de telles âneries? Pourtant, ne devrions-nous pas au contraire exploser de colère devant tel exposé de déraison d'un de nos intellos? Et je me rappelle ici un article d'Achille Mbembe publié dans le journal *Le Messager*, un texte bien juste s'il en fût, qui demandait de traiter les détourneurs de fonds de nos pays comme des criminels contre l'humanité. Comment ne pas être d'accord avec notre Saint-Just ici? Le visage illuminé de la vertu intellectuelle, le visage qui dicte telle sentence est représenté dans notre pays par la dissidence mythique d'un Mongo Beti, et l'exil fatidique d'un Jean-Marc Ela. Car au fond, quel est ce pays dans lequel il faut faire la grève de la faim pour avoir une éducation descente, comme c'est le cas aujourd'hui encore avec le jeune étudiant Joseph Thierry Minlend qui met sa vie en jeu aux portes du ministre de l'Enseignement supérieur Fame Ndongo, lui-même intello, et qui s'en fout? Autant que l'indignation, la confrontation avec les démons de notre ensauvagement nous montrera pourtant aussi les portes de notre salut. Et ici la question la plus importante c'est: comment notre pays en est arrivé à ce que son élite intelligente s'animalise tant, quand ailleurs c'est cette intelligence-là qui fabrique le futur des grandes nations? Lorsque nous répondrons à cette question, chacun d'entre nous, une porte de sortie de notre actuelle dégringolade collective sera possible.

Une précision ici: si j'ai lu les livres de Mongo Beti que j'ai achetés en librairie, c'est plutôt Norbert Ndong qui a été le directeur du jury de ma maitrise, au département d'allemand de l'université de Yaoundé jadis. Si j'ai admiré Mongo Beti, c'est en lisant entre autres le doctorat d'Etat de Norbert Ndong que j'ai formulé mes premières cogitations théoriques. Moi qui ai regardé ailleurs quand j'ai vu sa photo 'wanted!' à la une de nos journaux, il a fallu que je me réveille en relisant hier le discours qu'il avait tenu le 10 juillet 1991 devant le président allemand, Richard von Weizäcker, deuxième germaniste africain habilité à diriger des recherches scientifiques qu'il était, et qui avait été choisi par ses paires, mes professeurs donc, pour parler en notre nom à tous, les Camerounais, les Africains, et donc pour exprimer notre intelligence. Or si l'intelligence n'est pas une génération spontanée, son destin concerne aussi toute la communauté. C'est qu'il n'est pas seul en prison, Ndong; avec lui croupit à Kondengui cela qu'on est en droit d'appeler à juste titre l'élite intellectuelle camerounaise, tandis qu'en même temps, à la queue leu leu, des centaines des garants de notre intelligence nationale, suivent le chemin qui a fabriqué sa perte, qui en signant des pétitions demandant au potentat de se présenter encore aux élections, qui en suppliant ce dernier de bousiller la Constitution, ou d'installer son fils au pouvoir.

Dans son discours du 10 juillet 1991, Norbert Ndong avait dit au président allemand Richard von Weizäcker: 'Nous ne sommes pas des renégats.' Paroles bien ironiques quand relues aujourd'hui au miroir de son présent de malfrat. Ah, que nous arrive-t-il? Qu'est donc arrivé à l'intellectuel camerounais pour qu'il devienne soudain si écervelé? Il est bien facile aujourd'hui de revenir sur cette distinction entre les intellectuels et le pouvoir, telle que formulée par Mongo Beti dans *PNPA* sous la dictée de Jean-Paul Sartre. Il est facile tout aussi de dépoussiérer son Gramsci pour dénoncer les intellectuels organiques du pouvoir. Cela permettra-t-il cependant de comprendre l'histoire de notre intelligence? C'est que la tradition de l'intelligence camerounaise est nourrie autant à l'intransigeance d'Eboussi Boulaga, qu'à la sagesse des hommes du pouvoir, Sultan Njoya ou Fonlon. Et comme Achille Mbembe, Norbert Ndong a été séminariste, tout comme Paul Biya d'ailleurs. Quand d'une part le potentat, lui aussi diplômé du supérieur, ne l'oublions pas, et ses ministres, tous élites au parchemin occidental, dont certains furent professeurs d'université, chevauchent notre destin et nous enfoncent dans les caniveaux de la fange, d'autre part, des tréfonds de ce même désespoir la plume d'un Célestin Monga élabore une théorie du nihilisme, tandis que celle de Mbembe creuse dans la danse cynique de notre désordre pour sonder les jappements de notre illumination dans l'autoflagellation. Dans l'un comme dans l'autre courant, n'est-ce pas la même danse tragique au bord du précipice de notre mort qui se manifeste ainsi sous un double visage?

La condamnation de Norbert Ndong n'était pas spectaculaire, elle qui faisait partie de cette manufacture qui sous nos acclamations publiques a mis en place l'appareil qui en 2011 reconduira au pouvoir le potentat; cet appareil qui lui a donné un ultime manteau de respectabilité: l'opération épervier. Sa condamnation n'était qu'une de plus parmi ces infinies autres condamnations pour détournement de fonds, dans une République qui a inscrit dans sa Constitution un principe d'impunité réservé à un seul individu, celui même qui pourtant en un quart de siècle déjà de détournement de fonds a ruiné le Cameroun: Paul Biya. Sa condamnation ne pouvait ne réveiller que l'assentiment de chacun d'entre nous, écœurés que nous sommes par le sort de notre jeunesse livrée à la pelle de notre élite, intellectuelle toute mais ô des plus cleptomanes! Ah, la condamnation de Ndong et de tous les autres, même regardée sous le prisme tribal qui infecte toujours nos conversations nationales, ne pouvait que réveiller des félicitations au potentat. Et d'ailleurs l'opposition camerounaise ne s'est-elle pas réveillée aux bruits de chaines crées par l'opération épervier, pour rapidement dactylographier des félicitations adressées au tyran qui pourtant, comment l'oublier, depuis 1982 avait déjà promis la moralisation des affaires publiques? L'emprisonnement de ce professeur brillant et coupable à la fois, Norbert Ndong, révèle pourtant plus que tout, la banqueroute de l'intelligence dans notre pays. Or tout peuple qui comme lui jette son intelligence au cabinet n'a pas d'avenir.

(2009)

3.

Libérons Mboua Massok!

Ainsi donc une fois de plus Mboua Massok a été arrêté. Son crime cette fois? Organiser à partir du 23 février 2011, notre saison des mangues. Son crime? Rêver pour le Cameroun d'une insurrection populaire comme celles qui se sont déroulées en Tunisie et en Egypte. En bref, songer à la fin du régime de Biya. Le gendarme zélé qui l'a arrêté, veut rendre service à son patron dont il croit faciliter la réélection ce novembre 2011 comme président de la République du Cameroun. Ah, pourquoi ce gendarme n'arrête-il donc pas tous les Camerounais? Ils intimident, ces baroudeurs de Biya, tels médias avec des menaces de surtaxes. Ses musclés cassent les couilles à tel courageux qui à Bafoussam a distribué des tracts. Ses bureaucrates excluent de l'université de Buéa, trois étudiants récalcitrants de l'UBSU, et jettent leur leader braillard en prison. Ses sbires coffrent le leader du SCNC. Pendant ce temps, politique du gros bâton et de la carotte, dans son discours à la jeunesse, souriant, le président aux mains sanglantes, 78 ans, 29 ans de pouvoir, candidat à un septennat de mandat, promet d'offrir 25000 emplois aux jeunes diplômés dans la fonction publique, recyclage de cette vieille idée d'Ahmadou Ahidjo qui avant de finir en exil et d'être condamné à mort par lui, Paul Biya, comme on sait, avait procédé deux fois au recrutement de 1500 licenciés.

Pourquoi les dictatures aux abois manquent-elles tant d'idées? C'est à croire que la mangeoire leur rétrécit la cervelle autant qu'elle leur gonfle le ventre! Y a-t-il une idée d'Ahidjo dont Biya ne se servira pas de nos jours? L'assassinat; l'arrestation arbitraire; l'intimidation; la filouterie; la prébende; même le comice agropastoral y est passé! Sauf que, si particulier à Ahidjo était de créer la terreur, la marque de l'homme du renouveau, c'est sa propre peur en plus. Lui qui jadis alors que de parti politique le Cameroun ne connaissait que le RDPC, déjà ne se faisait plébisciter que par des élections anticipées, sans blague, doit grelotter terriblement aujourd'hui devant sa télévision à voir ses acolytes Ben Ali et Moubarak tomber un à un. Oui, il doit avoir des sueurs froides dans son lit à s'imaginer son exil prochain, lui qui cette fois-ci au vu de tous, a dû s'en retourner au pays en catastrophe parce que soupçonneux de quelques troubles à la frontière toujours rassurante pour lui jusqu'ici du Nigeria. C'est que comme Mobutu se reconnaissait dans Ceausescu, Biya voit son destin se jouer en Egypte et en Tunisie. Et il a raison, car l'histoire l'a rattrapé: bèbèla, il va partir!

Le crime de Mboua Massok est donc, plus que d'avoir rappelé au dictateur sa fin évidente; c'est d'avoir eu le courage de publiquement précipiter celle-ci.

Son crime en quelque sorte c'est d'être notre déclencheur politique. Son crime, c'est d'avoir dit dans la rue ce que tout Camerounais sait: que fait quoi fait quoi, Biya va partir! Car tout Camerounais qui a lu un journal ces derniers jours sait que Biya est cuit; et qu'il suffit de le cueillir comme une mangue. Pour ce, il faut du courage, ce courage dont justement Mboua Massok fait preuve. Son crime? D'être téméraire devant un régime poltron. Son crime? D'avoir montré de l'audace dans un pays si fier, que les grandes ambitions veulent intimider. Son crime? D'avoir secoué le manguier pour précipiter la chute de la mangue mûre. Son crime? D'avoir dit ouvertement ce qui est une évidence: que le seul avantage de Biya aujourd'hui, c'est d'être assis à la tribune de sa fin de règne, et de voir la conclusion du renouveau se rapprocher de lui de dictateur en dictateur, de pays en pays, de peuple en peuple. Le crime de Mboua Massok? D'être pour les Camerounais ce que ces Tunisiens et Egyptiens qui s'étaient immolés sont: l'accélérateur de notre histoire.

Compatriotes, notre saison des mangues a commencé! Libérons Mboua Massok, car en mettant sa vie en jeu, c'est de notre torpeur de trente ans qu'il veut nous arracher: libérons-le! Libérons-le parce que c'est lui qui nous montre que l'histoire du Cameroun ne se regarde pas à la télé comme un match de l'Inter de Milan, mais se fait par des actes audacieux. Libérons-le parce que ce qu'il nous dit, c'est ce que tout Camerounais sait: si les Tunisiens et les Egyptiens ont pu chasser Ben Ali et Moubarak, ces militaires qui pendant trente ans les avaient mis au fer, Biya le civil ne pourra pas nous échapper cette fois-ci. Libérons Mboua Massok parce que c'est lui la personnification de notre courage national. Louis Blanqui en même temps que John Brown, Rosa Parks en même temps que Martin Luther King, ou simplement cohéritier d'Um Nyobé comme il aime se faire appeler, Mboua Massok écrit avec son corps l'histoire du Cameroun de demain. 'Que la solidarité de tous soit la garantie de la sécurité de chacun', recommandait-il dans son communiqué. L'heure a sonné de réaliser cette parole juste. Allons cueillir les mangues!

(2011)

4.

Qui a tué Serge Alain Youmbi?

Dans toute communauté humaine civilisée, quand il y a un mort dans la rue, chacun s'arrête un instant. La mort nous concerne tous en effet, elle qui est le futur qui attend chacun de nous. La pause est encore plus nécessaire quand il s'agit de nombreux cadavres. Ce samedi 4 juin le match de football qui opposait les Lions indomptables aux Lions du Sénégal a eu une troisième mi-temps macabre dans nos quartiers, au cours de laquelle quatre jeunes camerounais ont perdu la vie. Le récit de leur mort situe celle-ci au cœur d'une colère liée au football qui dans notre pays, avec le soutien effectif des pouvoirs publics, a pris lieu de culte national.

Qui donc de la tête au plus bas de notre société peut reprocher à ces jeunes gens d'aimer notre équipe nationale de football, quand celle-ci est entretemps devenue le squelette qui nous unit tous encore dans l'espoir de gagner? Qui donc peut leur reprocher la passion pour cela qui chez nous est dénommé à juste titre le sport-roi? Qui peut vraiment leur demander de ne pas être déçus quand les Lions indomptables pour lesquels notre pays a si investi nos impôts, sont éliminés au bout de la roulette du hasard? Car le cœur de qui d'entre nous ne s'est-il pas levé à ce moment du tir, pour s'écrouler à celui immédiat de l'échec de notre onze national?

Les journaux font état des violences très dommageables qui ont suivi la fin du match dans le quartier Mfadena. Ils font état de jeunes qui s'en sont pris aux passants, aux véhicules, et qui ici et là ont exprimé leur rage en des propos très condamnables. A noter cependant est, comme le dit le rapport de *Le Messager*, que ces jeunes ont toujours montré du respect pour les insignes de notre pays, même si leur courroux était dirigé vers un joueur. Les journaux font état également de forces armées qui ont chargé tout le monde de manière indistincte, tabassant autant des passants que des journalistes. Ils font état de l'interpellation de jeunes en ces termes devenus péjoratifs chez nous, de 'vandales' et de 'casseurs.'

Est-ce cette dégringolade du vocabulaire désignant nos petits frères qui a fait les forces armées utiliser des vraies balles pour les dissuader? Car comme le précise *Le Jour*, 'Quand les policiers sont arrivés à bord des camions anti-émeute, tout le monde courrait. Policiers et gendarmes se sont mis à *tirer sur la foule*.' Je souligne, car la description est accablante ici: elle ne fait pas état de tirs préalables de sommation en l'air. Que les forces armées ont utilisé de vraies balles, qu'elles aient descendu des jeunes qui étaient sans défense déjà, est évident dans le récit macabre qui suit: 'C'est alors que ce jeune homme est entré ici en criant 'sauvez-moi, sauvez-moi!', raconte Germain Ngoah, qui habite près du lieu où le cadavre a été retrouvé. Serge Alain Youmbi n'a pas pu être sauvé, le jeune homme de 20 ans a succombé après la balle qu'il a reçue au thorax.'

Avec Serge Alain Youmbi, trois autres jeunes camerounais ont ainsi trouvé la mort ce jour-là. Etonnant que deux jours plus tard, le président de l'Assemblée nationale, Cavaye Yéguié Djibril, qui prenait la parole pour l'ouverture de la session ordinaire de notre institution collective, n'ait pas adressé ces quatre cadavres sur le goudron de notre capitale, mais au contraire ait choisi à mots couverts de fustiger le président de la Fecafoot, par ailleurs président de la Sodecoton. Quelle profonde déroute de notre sens de la dignité collective! Qu'est donc devenu notre pays pour que les enfants d'autrui perdent la vie dans notre capitale dont une des avenues s'appelle Marc-Vivien Foé, par déception devant l'échec de notre équipe nationale, et que personne n'en est ému du sommet à la base de l'Etat, ni le président de la république qui se fait pourtant appeler 'homme-lion', ni encore moins les Lions eux-mêmes et leur capitaine lors de leur conférence?

Bèbèla, dans quels caniveaux sommes nous tombés? Sommes-nous encore une république? A quand donc une commission d'enquête au plus haut niveau représentatif, parlementaire donc, qui nous dirait pourquoi les forces armées camerounaises, sans sommation aucune utilisent des vraies balles pour dissuader des jeunes supporters des Lions quand ceux-ci expriment leur opinion en public? A quand donc une telle commission d'enquête, même si elle enterrait dans de la paperasse ces jeunes fauchés, à défaut de leur donner le sépulture national que chacun d'eux mérite? Car est-il déjà devenu si ignoble d'aimer les Lions indomptables, que lorsqu'on est profondément déçu de leur échec et le fait savoir, on est poursuivi dans les sissongos par des soldats et fusillé à bout portant; que lorsqu'on en meurt on est traité par la commune mesure de 'casseur' et de 'vandale', et abandonné dans la rue comme un vulgaire malfrat? C'est qu'une question doit bien être adressée en effet: qui a tué Serge Alain Youmbi et les trois autres supporters des Lions indomptables ce 4 juin? Oui: Qui a fait ça?

(2011)

5.

Ce dont nous sommes capables

Les crises ont ceci de positif qu'au moins, elles nous révèlent ce dont nous sommes capables. S'il y en avait qui croyaient encore qu'un débat public sur la Constitution était vraiment possible dans notre pays, eh bien, les fusils des soldats à Yaoundé les ont ramenés à la réalité, tout comme l'assaut brutal de ceux-ci sur les médias qui refusaient encore la mise au pas. Qu'à Douala, Bafoussam, Dschang, et partout les forces de sécurité aient tiré de vraies balles sur des manifestants est signe de la disparition de la culture démocratique dans notre pays – si celle-ci avait jamais existé. Qu'à Yaoundé le tribunal ait condamné à la hâte des jeunes manifestants à 15 ans d'emprisonnement pour 'vandalisme', sans que ceux-ci aient eu droit à une défense, enlève à la justice chez nous le cache-sexe avec lequel elle protégeait encore sa honteuse soumission à l'exécutif. Et quand par-dessus tout le président de la République déclare que 'force restera à la loi', il est envie de lui crier qu'une loi qui se retourne contre les citoyens sanctifie le crime. Mais la crise que nous traversons nous a une fois de plus révélé son vrai visage devant les cris d'un peuple affamé de justice et qui a faim.

De même, qu'à Bamenda des centaines d'enfants aient été arrachés des écoles par des manifestants en colère et utilisés comme protection contre les balles de soldats, nous montre combien le désespoir fait très vite franchir la barrière sage qui nous sépare de crimes les plus odieux contre l'humanité. Y a-t-il pire qu'embrigader des enfants dans un combat, fût-il le plus légitime qu'il y ait? Qu'une soi-disant élite organise des messes tribales et rédige un appel au génocide, publié et relayé dans des medias publics financés avec l'impôt du contribuable, est signe de la totale dégringolade de la vision de l'Etat chez nous. Or voilà des signes qui nc trompent pas: notre pays est en train de jouer avec le feu! Qui aujourd'hui viendra encore nous dire que le Camerounais aime plus que tout la paix, que le Cameroun n'est pas le Congo, que le Cameroun c'est le Cameroun? Qui croira encore à ces platitudes stupides qui nous ont fait longtemps vivre dans le mythe d'une paix camerounaise qui se nourrit de toute évidence de la vertu pacifique des Camerounais? En cela les crises sont une mise en garde cinglante de l'histoire. L'instant d'un éclair elles nous libèrent le regard, car soudain elles mettent toutes les cartes de nos potentialités macabres sur la table. Elles nous disent la vérité sur nous-mêmes.

Cette vérité est simple: tous, Camerounais, nous sommes capables du pire! Qu'est-ce qui donc peut nous arrêter? C'est avant tout le respect des lois que nous nous sommes données. Et au-dessus de toutes nos lois, se trouve la Constitution de notre République, la loi qui fonde le principe même de notre paix. Or du sommet à la base, la loi n'a arrêté d'être violée chez nous ces derniers jours, et depuis. Car comment le président de la République peut-il au nom de la force de la loi mobiliser l'armée pour écraser des citoyens, quand en même temps son projet, comme il l'a annoncé lui-même en début d'année, est de piétiner notre loi fondamentale? Et n'est-il pas plus que tragique que ce soient des gamins de nos rues qui s'érigent soudain en garants de notre Constitution quand ils exigent de ne pas toucher à son article 6.2? N'est-ce pas le comble du drame qu'ils meurent pour défendre notre texte fondamental, tués par la police dont le boulot, comment le croire?, c'est justement de garantir le respect intégral des textes de notre République?

Entendons-nous bien: notre Constitution n'est pas parfaite! Son projet politique, issu d'un compromis imposé en 1996, repose sur une vision sociale volcanique qui nous a divisés en Camerounais 'autochtones' et 'allogènes', augurant ainsi de conflits à venir. Les institutions les plus importantes qu'elle propose, le Conseil constitutionnel, le Sénat, ne sont qu'encore des élucubrations fantasmagoriques. Jamais d'ailleurs elle n'a été proposée en referendum au peuple, seul souverain. Pourtant on ne respecte pas une Constitution parce qu'elle est parfaite, ni parce qu'elle est infaillible, mais parce qu'elle trace une frontière pratique qui nous protège du pire dont nous sommes capables. Malgré toutes les imperfections qu'on sait, la Constitution du Cameroun a au moins le mérite d'avoir donné à la fin de la tyrannie qui sévit chez nous une date fixe, 2011. Après que chacun de nous ait montré ses muscles en une semaine sanglante, nous devons maintenant revenir à l'essentiel, car c'est bien là sa plus belle promesse qu'il nous faut défendre et redéfendre, sans peur et en toute civilité. Nous sommes capables de cela aussi.

(2008)

6.

Appel aux députés du RDPC

Chers Représentants:

Pour un Président de la République, ce n'est pas seulement dangereux de jouer avec une Constitution. C'est criminel. Changer l'article 6.2 de la Constitution du Cameroun qui limite à deux le nombre de mandats présidentiels est de ces crimes dont sans doute notre pays payera lourdement le prix dans le futur. Pas seulement nos compatriotes qui déjà en 1990 de leur sang avaient écrit les articles qui légifèrent notre actuelle République; c'est avant tout la barbarie dont nous protège une Constitution et les institutions qu'elle comporte qui conseillent la retenue. C'est la paix civile dont le respect des textes de notre pays fonde le principe sacré qui vous interpelle!

Le Président de la République du Cameroun a décidé d'utiliser la majorité de fait que vous députés du RDPC lui donnez à l'Assemblée nationale, pour piétiner la Constitution de notre pays. Et déjà il utilise les armes de la police pour écraser ceux des Camerounais qui osent ouvertement s'opposer à son projet. Même s'il a fait mention de l'appel de 'toutes les provinces favorables à une révision qui lui parviennent', nous savons qu'il a décidé de lire votre voix seule comme étant l'expression du peuple Camerounais. Nous savons qu'il a décidé d'utiliser la peur du futur que sa gestion des richesses de notre pays a insufflé à certains d'entre vous, pour s'imposer comme étant la seule alternative possible pour notre pays demain.

La révolte populaire est évidente. Ne prêtez pas votre voix à l'infamie! Notre futur est précieux; ne le bradez pas! Mais surtout, ne jouez pas avec le feu! Déjà à Douala, à Bafoussam, nos compatriotes sont assassinés pour avoir osé protester. Changer l'article 6.2 de la Constitution du Cameroun, c'est affaiblir les institutions qui seules peuvent nous protéger contre la barbarie. Trop longtemps nous avons vécu comme si les catastrophes qui s'abattent sur nos voisins Africains ne nous concernaient pas. Or l'histoire de la Côte d'ivoire, du Kenya, de la Sierra Léone, du Liberia, de la Somalie, et même du Tchad nous montre qu'il suffit d'une escroquerie constitutionnelle pour empoisonner le futur de toute une nation. Les guerres qu'ont traversé ces pays nous montrent que notre paix civile est fragile, très fragile. Nous tenons à la paix chez nous; ne la liquidez pas! Vous répondrez sinon devant le tribunal de l'Histoire.

Patrice Nganang, écrivain (USA)

Jean-Marie Watonsi, critique littéraire (USA)
Eugène Ebodé, écrivain (France)
Jean-Marie Teno, cinéaste (France/USA)
Aggée Célestin Lomo Myazhiom, essayiste et éditeur (France)
Muepu Muamba, écrivain (Allemagne)
André Djiffack, critique littéraire (USA)
Kolyang Dina Taiwé, écrivain (Cameroun)
Joseph Fumtim, écrivain et éditeur (Cameroun)
Ntone Edjabe, éditeur de *chimurenga* (Afrique du sud)
Léonora Miano, écrivain (France)
Cilas Kemedjio, critique littéraire (USA)
Boubacar Boris Diop, écrivain (Sénégal)
Makhily Gassama, essayiste (Sénégal)
Jean-Luc Raharimanana, écrivain (Madagascar/France)
Alain Dichant, éditeur (France)

Fait en février 2008. Un seul député du RDPC votera contre cette loi: Paul Abine Ayah.

Qui a peur de Joe la Conscience?

1.

Qui a peur de Joe la Conscience?

Ainsi donc l'autre jour, la décision du Tribunal de Première Instance de Yaoundé est tombée. Joe la Conscience est condamné à six mois d'emprisonnement, pour 'réunion et manifestation interdite.' Et voilà donc un citoyen camerounais qui, ayant réuni un millier de signatures, ayant fait le trajet de Loum à Yaoundé pour dire au Président du Cameroun ce que pensent des Camerounais de ses intentions de changer l'article 6.2 de la Constitution du Cameroun, est cassé par l'Etat de ce Cameroun-là, et ce, devant nos propres yeux à tous. Voilà un Camerounais qui est silencié, comme ces milliers de jeunes qu'on dit 'casseurs', qui eux aussi sont trimballés nus puis condamnés à la pelle, arrêtés qu'ils auront été parfois en même temps dans deux quartiers différents et à des heures différentes. Voilà un autre citoyen de notre pays qui est cassé par les lois de notre République dont en décidant de faire la grève de la faim il ne voulait que défendre le respect strict des textes, livré sans défense dans un palais dont la fonction de justice n'a jamais été autant travestie. Voilà un citoyen de notre pays qui n'aura même pas pu trouver aux portes de l'ambassade des Etats-Unis un asile – ce droit de tous les persécuté de la terre – contre la barbarie qui a lieu chez nous, lui dont les actes ont été pourtant inspirés par un Thoreau et un Martin Luther King, tous les deux Américains! Lui qui un jour aura cru que Washington est sérieux quand aujourd'hui il nous parle de démocratie et s'en dit en plus le champion! Il y a pire, nous savons, oui, il y a pire: c'est le fils de Joe la Conscience, Aya Patrick Lionel, onze ans, élève au lycée de Loum, qui a été assassiné par les forces de la loi, un gendarme des grandes ambitions ayant tiré sur ce bambin à bout portant et avec des vraies balles.

Lors de mon séjour au Cameroun, les membres de l'ADDEC, Mouafo Djontu, Okala Ebode et leurs camarades, m'ont approché et je n'ai pas pu m'empêcher d'aller à leur rencontre – que d'ailleurs je recherchais. Et voilà, je me suis retrouvé devant des jeunes compatriotes d'une intelligence qui m'a fait venir des larmes aux yeux, à moi qui enseigne des étudiants comme eux dans une université américaine, devant des jeunes donc, je me suis retrouvé, qui dans leur propre pays ont écopé chacun de peines de prison allant de six à sept mois, dans le silence général et ont été radiés des universités d'Etat. Leur crime? Avoir demandé à l'université de ce pays-là de leur donner un savoir dont ils seraient dignes, de donner de la substance à leurs diplômes, et cela d'ailleurs avec les armes seules de la non-violence. Leur crime, comme celui de Joe la Conscience? Avoir 'mis leur vie sur la balance', comme l'un d'eux, Linjuom Mbowou, me dit d'ailleurs, bref, avoir fait la grève de la faim, pour exiger un futur à un Etat qui le leur refuse. Et les voilà, avec un casier judiciaire dont les jurés qui leur ont donné les peines qu'ils m'ont dit, savent bien qu'il est une hypothèque sur toute leur vie professionnelle. Les voilà en bref, cassés par l'Etat de chez nous qui monte ses medias les plus fous dans la chasse aux 'casseurs' qui ne sont autre que ces jeunes-là, nos petits-frères, qui lui demandent de leur donner ce pourquoi il existe un Etat en réalité: un avenir.

Ils sont donc ainsi, ces jeunes, des milliers – 1671 selon le décompte du ministre de la justice Ahmadou Ali – à passer actuellement devant les tribunaux du Cameroun, le torse et les pieds nus comme cela n'était plus possible dans notre pays qu'aux époques allemande et française du njokmassi, devant une justice qui ne se cache même plus de recevoir ses 'ordres d'en haut', et dont les magistrats ne se cachent même plus pour monnayer la libération de ceux qui comparaissent devant eux! Ils sont donc des milliers à être ainsi cassés par l'Etat de chez nous, au motif qu'ils sont des casseurs! Dire qu'à la tête de ce ministère de la casse d'Etat se trouve aussi un qui jadis nous faisait encore croire qu'il y avait chez nous véritable urgence de la pensée: Maurice Kamto? O, en cette heure infâme, il est bien envie de lui demander cette question bien simple d'un personnage de Molière: 'alors, Monsieur le ministre délégué, vous faites quoi dans cette galère?' Mais aujourd'hui devant la totale clochardisation, corruption et criminalisation de la justice de chez nous, il ne mérite même plus cette question banale. Dire que le massacre judiciaire que le Palais de Justice met en scène a lieu alors que nous savons que les députés de l'Assemblée nationale bientôt s'élèveront pour effacer l'article 6.2 de la Constitution que seule une minorité chez nous lui avait jadis donné mandat de voter, mais auquel nous tenons aujourd'hui parce qu'il annonce la retraite du potentat! Et voilà: eux aussi ont reçu leurs 'ordres d'en haut'. C'est bien pourquoi les interpeller comme je l'ai fait en février avec quelques intellectuels n'est peut-être que perte de temps, comme beaucoup de mes amis de bonne volonté m'ont dit, nos députés étant aphones en réalité dans notre République qui dans le fond n'a jamais reçu ses ordres que d'en haut – et n'a jamais écouté des citoyens comme Joe la Conscience, et nous tous.

Et les jeunes aujourd'hui qui sont jetés en prison comme des moutons dans un abattoir alors? Leur voix, quand elle est écoutée vraiment, ou alors quand de son propre chef elle s'organise et parle dans un Conseil Patriotique et Populaire de la Jeunesse, comme ce fut le cas du 15 au 16 mars 2008 à Yaoundé, dit clairement dans une déclaration de circonstance ce qu'ils veulent. Et ce qu'ils veulent c'est 'la création d'une paix durable' dans notre pays. Ce qu'ils veulent c'est donc un futur pour notre pays. Ce qu'ils veulent n'est rien d'autre en réalité, que d'exiger au potentat de regarder en fin de compte ce qu'il fait d'eux, ces enfants d'autrui. Or devant son déculottage véritable des institutions de l'Etat, une chose devrait toujours frapper quiconque regarde, comme je l'ai fait, dans les yeux de ces jeunes qu'on dit 'casseurs', et qui sont ainsi livrés à la vindicte des médias d'Etat sur ordre d'en haut: c'est leur âge. Pour la plupart, ils n'ont pas plus de vingt-cinq ans. Ils n'auront même pas trente-cinq ans en 2011, comme beaucoup m'ont dit, c'est-à-dire l'âge de se présenter aux élections présidentielles pour justement légalement défier Paul Biya, comme je leur ai honnêtement demandé de faire. De toute leur vie, depuis leur naissance, ils n'ont connu qu'un seul président, Paul Biya. De la couche du nourrisson dans laquelle ils ont poussé leur premier vagissement à cette cellule infecte dans laquelle ils poussent en silence leur cri de citoyens, un seul visage a toujours barré leur regard, c'est celui de Paul Biya. Des chemins de l'école primaire à l'université et au chômage dans lequel ils se trouvent aujourd'hui, un seul homme a eu le pouvoir d'annuler leur avenir, c'est Paul Biya. En d'autres mots, ils sont la chair et les os, ils ne sont rien d'autre que la personnification de ce que les vingt-cinq ans de renouveau ont fabriqué pour le Cameroun.

Qui donc a peur d'eux? Qui, oui, qui a peur de Joe la Conscience? La réalité c'est qu'en lui, c'est le président de la République du Cameroun qui a peur du Cameroun qu'il a fabriqué en vingt-cinq ans de renouveau. C'est Paul Biya qui a peur de cette jeunesse à qui en vingt-cinq ans de grandes ambitions, il a voulu plier l'échine et qui soudain se lève pour lui dire ouvertement et clairement qu'il exagère. C'est lui qui a peur de ces Camerounais qui, après vingt-cinq ans de nuit, se réveillent soudain et se découvrent citoyens! C'est bien lui qui a peur de ces jeunes qui, uniques qu'ils sont dans toute l'histoire africaine, n'ont pas connu la colonisation, comme leurs parents, n'ont pas connu l'esclavage non plus, comme leurs arrière-grands-parents, qui sont donc nés indépendants dans un pays indépendant, et veulent le faire savoir à tous! Oui, c'est lui qui a peur de ces enfants de vingt-cinq ans qui jamais comme lui n'ont été indigènes, même s'ils sont nés et ont grandi dans sa dictature; qui soudain découvrent le pouvoir qu'ils ont toujours eu, leur citoyenneté, et s'en servent comme il se doit. C'est Paul Biya qui a peur de ces jeunes qui, comme nous disent les statistiques, sont l'écrasante majorité de la population camerounaise, qui de toute évidence seront encore là quand lui ne sera plus, qui donc, entendons-nous, sont le Cameroun de notre futur. Car en réalité Joe la Conscience comme ces jeunes condamnés, c'est nous. C'est notre futur à tous qui se joue ces derniers jours devant nous, dans les rues, dans les couloirs obscurs de l'Assemblée nationale, tout comme dans nos tribunaux de l'injustice. C'est notre futur qui à grands coups frappe à la porte de notre Etat-casseur, et tous nous savons que ce sont ces jeunes qui au bout de vingt-cinq ans de dictature aujourd'hui emplissent nos prisons, qui sur leurs épaules courageuses portent les promesses de notre libération bientôt de la trop longue nuit des ambitions petites.

2.

Faut-il oublier Joe la Conscience?

Jamais les arts n'ont été aussi annonciateurs de l'avenir au Cameroun; mais jamais aussi les artistes n'ont été aussi seuls! Si à Douala, en ce février c'était avec le courage d'un peintre, Mboua Massok, que les feux de la colère se sont soudain saisis de la poudrière que notre réalité est, à Yaoundé, les menottes qui retiennent les poignets du musicien de reggae Joe la Conscience, à Kondengui, sont celles qui avec le changement de l'article 6.2. de la Constitution de notre pays, veulent enchainer notre futur. Que ce dernier ait été très vite rejoint dans sa solitude par un autre partisan du front du non, le musicien Lapiro de Mbanga, n'inscrit qu'encore plus la voix de l'artiste dans notre gorge à tous, dans notre volonté à chacun de donner à notre pays un avenir qui vaille la peine. C'est qu'il est clair: avec le changement des articles de notre Constitution, c'est floués que nous avons été tous; c'est piétinés que nous avons été par le despote qui plus que jamais s'est retranché dans son palais du silence, lui qui sans blague finira par emprisonner tous ses ministres sans comprendre qu'il ne s'en condamne que plus lourdement! Mais voilà en ces jours où l'infamie danse le coupé-décalé de la victoire, ce n'est pas lui qui nous concerne, mais plutôt la profonde solitude camerounaise.

Comment le croire? Il ne se sera donc élevé aucune voix vraiment forte ailleurs pour déculotter le despote, ni de France, ni d'Angleterre, ni des Etats-Unis! Ainsi à la différence du Nigeria, notre voisin, où comme nous savons tous Obasanjo, dans des conditions similaires à celles de notre pays, il y a tout juste deux ans fut vertement éconduit par la communauté internationale dans ses maléfiques intentions de changer la Constitution de son pays, chez nous finalement l'EU et les Etats-Unis se seront contentés de murmurer leur désapprobation de forme devant les violences de l'Etat en même temps qu'ils faisaient un clin d'œil complice au potentat. Le visage de leur abandon du peuple camerounais dans le viol public de son expérience démocratique, c'est le kidnapping sur le perron de l'ambassade des Etats-Unis, de Joe la Conscience que même sa méthode non-violente n'aura pas sauvé. C'est l'abandon du chanteur-activiste à son sort dans la cour même d'un pays qui veut nous enseigner la démocratie. Aujourd'hui, la Constitution du Cameroun est ainsi boiteuse de l'article 6.2 qui nous a jadis comme aujourd'hui couté la centaine de morts, et obèse de nombreux autres articles traitres qui de facto nous rejettent vingt ans en arrière, au cœur de la dictature dont à vrai dire nous n'étions jamais sortis.

Au lieu de suivre l'exemple nigérian, l'Assemblée nationale a donc, devant tout le monde, aligné notre pays sur le paradigme togolais de la restauration autocratique, le défunt président de cette virgule de pays, Gnassingbé Eyadema ayant été le premier président africain qui, le 30 décembre 2002, en sautant le verrou de la limitation sage des mandats présidentiels instaurée avec les années de braise, ouvrit le bal infâme dans lequel après l'Ouganda, le Gabon, le Tchad, le Cameroun est aujourd'hui un des participants. Comment oublier que ce tout petit pays ouvrit tout aussi le bal des successions héréditaires en République, quand le 6 février 2005 il y fut décidé soudain d'installer le fils d'Eyadema comme président? Dire que le choix du paradigme togolais est le choix du chemin du désastre, ce n'est pas exagérer! Les députés du RDPC et de l'UNDP qui ont voté pour l'amendement de l'article 6.2 de la Constitution du Cameroun, et se sont congratulés après, savent-ils seulement quelle histoire ils ont choisi pour notre pays? Or c'est de la noirceur de cette nuit des longs couteaux dans laquelle nous ont ainsi plongé les grandes ambitions que pour notre futur à tous retentit ma question simple: maintenant que notre Constitution n'a plus son article 6.2 dans la forme qu'on sait, faut-il oublier Joe la Conscience?

Je pose cette question avec devant moi deux photos de l'artiste, l'une, où il est grassouillet, avec à son cou la pancarte 'touche pas à ma Constitution', et l'autre où on le retrouve, aux fonds de sa cellule, fondu, oui, avec des menottes aux mains. Jamais défaite d'un peuple n'a été aussi visible sur le visage d'un seul homme! J'ai dit défaite? O, ce n'est que d'une bataille qu'il s'agit, comme jadis proclama de Gaulle quand son pays venait de recevoir une raclée! Car c'est une évidence que l'histoire de notre pays, et je veux dire, de la population de notre pays est, et sera toujours plus longue que celle du despotisme qui aujourd'hui croit s'être donné une dose de jouvence! Et pourtant, la solitude de Joe la Conscience est celle de chacun d'entre nous. Que Joe ne soit laissé qu'à la sollicitude de son épouse qui vient du lointain Loum lui rendre visite, et de quelques amis épars, est le signe le plus dangereux que la scène publique camerounaise peut nous donner en cette heure de notre pause rageuse. Car chez un artiste comme chez chacun d'entre nous, n'est-ce pas la même voix qui rie, chante, pleure et se tait? N'est-ce pas la même voix qui parle et qui vote? La voix des artistes qui dans plusieurs de nos villes a crié la rage couverte de ceux-là qui parmi nous n'envoient pas de motion de soutien à la présidence, n'est-ce pas la voix du citoyen que nous sommes tous en réalité depuis l'indépendance de notre pays des colons, et qui s'exprime par le vote?

A travers Joe, la véritable question s'impose aujourd'hui: allons-nous oublier ce millier de nos petits-frères qui auront été jetés en taule à travers le pays pour avoir avec des armes de fortune demandé cela qui est la chose la plus juste: un futur autre que le despotisme pour notre pays? Abandonner Joe la Conscience dans le trou infecte de sa cellule, où d'ailleurs on me le dit gravement malade, abandonner Lapiro de Mbanga, abandonner à leur sort donc ces milliers de jeunes qui comme eux auront pour nous voulu précipiter l'advenir d'un Cameroun sans Biya, c'est dire à quiconque se lèvera demain pour revendiquer sa citoyenneté qu'il est seul. Oublier dans les miasmes de leur solitude ces damnés qui auront rêvé de notre advenir certain, c'est planter le découragement dans le cœur de chaque citoyen qui comme eux demain voudra s'élever pour repousser les frontières de la nuit qui vient de nous recouvrir. C'est donc inscrire encore plus le despotisme dans la racine de notre vie, car plus que tout le capital politique du despote, et nous en vivons les résultats dramatiques aujourd'hui, c'est notre découragement, et donc, la dépolitisation de la population dont les élections législatives de jadis ont donné le résultat le plus évident, berceau qu'elles auront été de cette Assemblée nationale qui aujourd'hui nous a planté un coup de couteau dans le dos.

3.

Que vaut Joe la Conscience?

Rien du tout. A cette question bien simple, la réponse est plutôt facile: nathin, comme on dit chez nous. O, que peut-il donc valoir, cet énergumène de Joe qui, 'menuisier de son état', est à présent prisonnier à Kondengui? Que peut-il donc valoir, lui qui d'ailleurs n'a égrainé sa guitare au son du reggae que pour fredonner une chanson, 'Emmerdement constitutionnel' aux mots pourtant si justes, si clair et si lucides, mais que les députés du RDPC et de l'UNDP n'ont pas eu le temps d'écouter en fin de compte, pressés qu'ils étaient de forfaire notre présent? Dans le langage actuel de notre civilité, il n'est qu'un 'individu', Joe la Conscience, car s'il était autre qu'un quidam, par exemple s'il était Abah Abah, lui aussi 'prisonnier de son état', tous les journaux de notre pays lui auraient consacré leur une le jour de son arrestation, et auraient suivi aujourd'hui avec frénésie les pulsations de sa poitrine, lui qui est asthmatique! S'il était quelqu'un, par exemple s'il était Mounchepou, notre cher Joe la Conscience, du fond de sa cellule, il aurait pu imposer aux canards de chez nous de croasser aux sons de son ultime cri de détresse, et donc obtenir de notre scène publique de se faire l'écho de son exigence au président de la République de libérer ce 20 mai au plus tard, tous les jeunes emprisonnés ce février!

Ah, s'il était au moins un auteur, Joe, peut-être la Cmc aurait-elle fait de son arrestation, de sa condamnation et de son emprisonnement un caillou dans son actuelle guéguerre avec la fameuse 'tutelle'? Peut-être alors les Sam Mbende, Tutu Muna et autres prendraient-ils enfin vraiment au sérieux les droits de nos auteurs? Car qu'est-ce que c'est, un droit d'auteur? N'est-ce pas d'abord et avant tout, le droit à la parole libre sans quoi un auteur ne pourrait plus jamais ouvrir sa bouche pour fredonner une chanson – écrire un poème ou alors un roman? N'est-ce pas le droit à la libre assemblée sans quoi un auteur ne pourra jamais organiser un concert – ou une conférence, une lecture spectacle ou une séance de dédicaces publiques? N'est-ce pas le droit à se mouvoir comme il lui sied de Douala à Bamenda, ou alors de Loum à Yaoundé, bref, dans notre pays, ailleurs et quand il lui sied, sans quoi un auteur ne saura montrer son talent que dans son propre salon – à son mari ou à sa femme, à son amant ou à sa maitresse s'il en a un ou une? Le droit d'auteur, n'est-ce pas le droit à une opinion libre, sans quoi l'auteur ne saura plus chanter que sous le grelottement de la peur?

C'est que les droits d'auteurs sont inscrits dans ceux du citoyen: il ne peut pas en être autrement, l'auteur – le chanteur, l'écrivain, le peintre, le danseur, l'architecte, le cinéaste, etc. – étant avant tout un citoyen. Au milieu de l'actuel tamtam autour d'une décision de la ministre de la culture, le silence de la Cmc sur le sort d'artistes camerounais actuellement emprisonnés, en même temps que son insistance paradoxale sur la signification du 'droit d'auteur' devraient rappeler à chacun d'entre nous combien notre scène publique est moribonde et doit être redéfinie. Il est fort de se chuchoter que les auteurs ne doivent pas s'occuper de politique; que culture et politique sont des frères certes jumeaux, mais pas identiques; que donc la Cmc au fond ne s'occupe que de chang chang! Le silence actuel de cette 'structure' sur le sort de Joe et de Lapiro montre combien telle attitude est complice du pire. Oui, il est fort de se dire que la culture n'a de valeur que purifiée des pulsations politiques, qui sont 'un coup de pistolet au milieu d'un concert', pour reprendre une formule célèbre de Stendhal. Pourtant à ce cher auteur de France il faudrait un jour que des Camerounais qui se respectent disent que même dans un concert, le coup de fusil est tiré par un malappris sur un être humain, et pour le cas d'espèce par un soldat des grandes ambitions sur un gamin, relation qui comme celle qu'établissent les arts, est d'emblée publique et exige donc plus que l'attention, une réponse publique des artistes!

L'art peut-il honnêtement se forclore de politique quand un, non deux artistes sont jetés en prison devant nos propres yeux? Quand notre scène publique ne vit plus qu'au rythme d'arrestations et d'emprisonnements, que vaut un artiste? Si l'interrogatoire policier, l'arrestation en série et l'emprisonnement des ministres chez nous devrait donner une leçon à chaque coupable de notre pays qui s'ignore, c'est bien celle-ci: ce qui arrive à Jean-Bosco aujourd'hui n'est rien d'autre que ce qui est arrivé à Donatien hier, et qui arrivera donc demain à Paul. De même l'arrestation de Joe la Conscience devrait donner une leçon bien similaire à tout innocent: personne n'est épargné dans la République de l'arbitraire. En réalité la série d'arrestations qui depuis deux ans fait planer au-dessus de notre scène publique les courbes de l'épervier et jacasser nos bars et taxis en des élans bien régicides devrait nous redire la leçon si banale de toute civilité en dictature: nul citoyen n'est libre quand une âme innocente croupit en prison. C'est que le règne de l'arbitraire n'épargne personne, oui, personne. Même le président de la République, Paul Biya, qui parmi les articles ajoutés dernièrement à la constitution de 1996, n'aura pas oublié une clause, l'article 53 aliéna 3 qui post-mandat lui donne l'immunité sans limite, ne voit-il pas déjà s'avancer vers lui l'inévitable dong dong dong du Chronos de la justice qui ailleurs en Afrique a déjà saisi par les pattes ses collègues Hissein Habré et Charles Taylor dont la parole en leur temps faisait pourtant force de loi?

Que vaut donc Joe la Conscience pour nous? Tout en réalité, car par son acte de dissidence, par la geste humble pour laquelle il est aujourd'hui en prison, il nous a rappelé cela qui est le fondement de notre humanité dans les tourbillons de l'infamie: la citoyenneté active. Il a montré dans le cœur de notre pays, à Yaoundé même, qu'un acte simple de dissidence est au fond le commencement véritable de notre futur. Bref il nous a rappelé, à nous qui lisons avec frénésie les discours poétiques de Martin Luther King, que c'est une secrétaire de rien de tout, une nathin donc, pour le dire en bon Camerounais, Rosa Parks, qui refusa de se lever d'un siège de bus comme la loi et les habitudes infâmes et racistes de son pays lui demandaient de faire, pour donner à ce pasteur de courage que nous citons tous aujourd'hui, le réveil cinglant qu'il attendait au sortir de ses études, et pour que soudain l'histoire de la justice se mette en branle. Il nous a montré chez nous même, ce cher Joe la Conscience, cela qui est le commun dans nos maisons et cours, mais cesse de l'être aux portes de l'Etat chez nous: l'indignation.

Que donc il ait choisi d'aller se mettre devant les portes de l'ambassade des États-Unis pour faire la grève de la faim ne devrait pas nous étonner, nous: n'est-ce pas ce pays dont l'ambassadeur de jadis, Niels Marquardt, n'avait pas seulement ouvert chez nous le bal de l'opération épervier, mais aussi inauguré une avenue Rosa Parks dans notre capitale? N'est-ce pas rendre in absentia le meilleur hommage à ce Niels Marquardt, que d'aller faire la grève de la faim aux portes de son ancien bureau, lui qui introduit Rosa Parks chez nous en utilisant ces mots clairs de Charles Rangel, le vigoureux représentant de New York: 'Je suis convaincu qu'il y a un peu de Rosa Parks dans tout Américain qui a le courage de dire: 'trop c'est trop!' Dire qu'il était soutenu, Niels Marquardt, lors de son discours par la responsable des affaires africaines, Jendayi E. Frazer, qui pour encore plus inscrire les mots de Rosa Parks – 'trop c'est trop!' – dans notre mémoire nationale avait fait le déplacement de Yaoundé! Ah, n'est-ce pas ces mots si simples et dignes que Joe la Conscience justement a dit à Biya: trop c'est trop? N'est-ce pas à cause de ces mots qu'il est aujourd'hui à Kondengui? Or ce n'est pas tout, bébéla: qu'il ait été arrêté sur l'avenue Rosa Parks – car ainsi s'appelle vraiment depuis le 6 février 2006 la rue qui passe devant l'ambassade des Etats-Unis à Yaoundé – est une de ces ironies dont seule l'Amérique d'aujourd'hui et son amie le Cameroun sont capables!

4.

Les Américains ont-ils abandonné Joe la Conscience?

Voici les faits: il y a deux mois, Joe la Conscience reçut du tribunal de grande instance de Yaoundé, la sentence qui au-dessus de la mort de son fils, le jeta à Kondengui. La vérité pourtant est que c'est plutôt le 16 février 2006, c'est-à-dire deux ans auparavant, qu'il a été condamné par une conspiration de l'infamie qui décida de son verdict au nom du 'bon voisinage.' O, il y a deux ans certes, Joe n'avait peut-être pas encore composé sa chanson sur 'l'emmerdement constitutionnel'. Certainement n'avait-il pas encore concocté sa décision de taper à pieds de Loum à Yaoundé pour dire à Biya cette phrase simple qu'il n'a pourtant pas pu lui dire en fin de compte: 'trop c'est trop!' Il y a deux ans, son fils, Patrick Lionel Aya, lui, n'était qu'encore cet écolier que tout gamin de neuf ans est chez nous, insouciant, rieur, heureux, jouant au ballon sous la pluie, car l'enfant d'autrui ne savait pas encore qu'il recevrait deux ans plus tard dans le corps, la balle chaude d'un soldat des grandes ambitions, une balle qui l'assassinerait.

Ce 16 février 2006 fatidique donc, où Joe la Conscience fut véritablement condamné, était invité devant les nouveaux locaux de l'ambassade des États-Unis, le dictateur de chez nous. Paul Biya écoutait le discours de l'ambassadeur américain, Niels Marquardt, auréolé dans les médias par sa campagne pour la transparence des fonds publics, et qui pour l'occasion avait d'ailleurs invité la sous-secrétaire d'Etat américaine aux affaires africaines, Jendayi Frazer, venue directement de son pays – même si de passage pour le Liberia où l'histoire de l'Afrique se faisait vraiment. Jendayi Frazer, une dame bien dynamique, qui dans une interview au quotidien *Cameroun tribune* déclara ceci à propos du respect des droits de l'homme dans notre pays: 'En général, il y a la liberté de presse ici au Cameroun. Et pour ce qui concerne la promotion des droits de l'homme, le Cameroun s'y prend plutôt bien.' C'était il y a deux ans, c'est évident.

Personne ne peut reprocher cette phrase qui à nos yeux aujourd'hui ne peut qu'être une boutade, à Jendayi Frazer qui ces jours-ci fouette certainement d'autres chats plus importants que le Cameroun, même si chez nous ses mots encore ricochent sur les jours fous de ce février 2008 qui virent Equinoxe Tv être clos; qui virent des marches du Sdf être interdites; qui virent les sbires du RDPC tamtamer partout dans les medias d'Etat, et aux frais du contribuable, le changement des articles de la Constitution, afin de maintenir éternellement Paul Biya au pouvoir; qui virent la centaine de nos petits-frères être tués, et le millier d'autres jetés en taule le torse nu. Oui, l'interview de la 'madame Afrique' des États-Unis, lue aujourd'hui après les émeutes de la faim et la colère nationale de février, nous rappelle le début de notre dégringolade depuis ce discours du nouvel an de Paul Biya, et son interview de janvier 2008, qui décidèrent Joe la Conscience dans son lointain Loum à dire: 'trop c'est trop!' Mais à Yaoundé, en février 2006 où Jendayi Frazer accordait une interview à *Cameroon tribune,* et où, sans que Joe le sache le sort de sa 'longue marche pour la paix' était scellé à l'avance dans l'infamie, le propos le plus croustillant et désaxant, qui d'ailleurs resta dans les archives vivaces et dans la géographie de Yaoundé, c'était le discours de l'ambassadeur américain. Niels Marquardt promit ceci à Paul Biya: 'Nous sommes engagés à donner un accueil digne et chaleureux à tous ceux qui viennent ici'; mais il ajouta aussi que l'ambassade américaine serait 'un bon voisin.'

Il est impossible de poser à l'ambassadeur Marquardt aujourd'hui – il est en poste à Madagascar – la seule question, bien américaine celle-là, qui vaille ici: '*what were you thinking?'* C'est que ce jour-là, ce 16 février 2006 donc, il posa un autre acte, d'importance, car il inaugura l'avenue Rosa Rarks, en mémoire de cette secrétaire noire-américaine qui refusa de céder sa place de bus à un blanc, au Sud des États-Unis, où cet acte seul était suffisant pour lui infliger une peine de 14 dollars (c'est-à-dire, 5900 francs CFA), que monsieur l'ambassadeur ne manqua pas de signaler à son public du jour – Jendayi Frazer, mais aussi Paul Biya – comme étant le sommet de l'ignominie. Et il avait raison d'ailleurs, car comment comprendre que cette infamie aura été suffisante pour inspirer l'indignation de Martin Luther King, alors fraichement élevé au rang de pasteur, et le pousser à mobiliser toute la communauté noire de Montgomery pour un boycott des bus qui ainsi commencèrent cela qui dans l'histoire des États-Unis et du monde entier est demeuré historique: la revendication de leurs droits civiques par des anciens esclaves noirs? Ah, c'est avec les mots du vigoureux Charles Rangel, le représentant de New York au Congrès américain, que l'ambassadeur résuma pour nous tous, Camerounais, cette vraiment abracadabrante histoire de bus: 'Je suis convaincu qu'il y a un peu de Rosa Parks dans tout Américain qui a le courage de dire: trop c'est trop!, et de défendre ses convictions.'

Dire que pour répondre à cette histoire que tout petit Américain apprend par cœur à l'école, aux États-Unis, Paul Biya qui, comme ce n'est pas son habitude s'était déplacé ici en bon voisin, tint un discours dans lequel il parla de 'valeurs communes – démocratie et progrès – sur lesquelles l'amitié américano-camerounaise est basée', se montra compréhensif, et tout heureux! Joe la Conscience avait-il pris cet échange entre 'bons voisins' au sérieux lorsqu'il fut présenté en français et en anglais, à l'envers et à l'endroit, puis décortiqué le matin, à treize heures et le soir par les médias publics? Certainement, car sinon il ne serait pas allé directement au palais de l'Unité redire ces mots de Charles Rangel, 'trop c'est trop!', qui bien sûr saisirent son cœur quand ce 1er janvier 2008, dans son discours à la nation Paul Biya décida d'ajouter un chapitre encore plus malodorant et honteux à cette déjà très longue histoire de l'infamie qu'est son régime, et que les camerounais croyaient finir bientôt. Oui, c'est un fait: Joe la Conscience ne vint pas en premier lieu devant l'ambassade américaine, même si vingt-cinq ans de Biya ont enseigné à tout Camerounais que le peuple n'est pas reçu au palais de l'Unité, mais en est plutôt chassé. Il essaya d'abord, Joe, en bon Camerounais, de frapper aux portes d'Etoudi pour rappeler à Paul Biya les mots de Niels Marquardt, de Charles Rangel, de Rosa Parks, et qui sont aussi ceux de ces milliers de Camerounais dont il avait réuni les signatures: 'trop c'est trop!' Il fut chassé par les militaires des grandes ambitions qui le capturèrent finalement devant l'ambassade des États-Unis, quand en même temps à Loum, pour couronner le tout, ils assassinaient son fils, Patrick Lionel Aya.

Voilà vite dit, l'histoire de Joe. Elle ferait un caillou sec verser des larmes. Même si en mars 2003, c'est-à-dire à la veille de l'infinie guerre en Irak, Paul Biya avait été reçu à la Maison Blanche, il demeure très étonnant qu'un pays aussi belliqueux que les États-Unis n'ait pas réagi de manière épidermique lorsque son territoire fut ainsi violé par le dictateur, comme ce fut le cas ce février 2008. Pour un pouvoir américain dont la politique avec Georges W. Bush aujourd'hui s'appelle 'conservatisme compassionnel', il est encore plus étonnant que l'ambassadeur américaine n'ait pas levé le petit doigt pour un citoyen camerounais, non-violent, qui dans la cour de ses bureaux était attrapé tel un vulgaire bandit, puis jeté en prison pour six mois sans qu'il ait rien, mais alors fait de criminel. Pour un pays qui sait que dans l'histoire de la liberté la cour de l'ambassade américaine a plusieurs fois été le lieu où les dictatures les plus bêtes se sont cassé les dents, il est plus qu'étonnant qu'ils aient décidé de fermer les yeux sur le droit d'asile. Et surtout, pour une politique africaine des États-Unis qui jusque-là ne s'était jamais cachée de donner la main aux forces du changement chez nous, ou alors de donner des bourses d'étude à Harvard Univesity à ceux comme Célestin Monga qui en 1991 avaient persiflé le dictateur, l'actuel silence de l'ambassade américaine au Cameroun est plus que déroutant. Alors pourquoi, se demande-t-on, pourquoi les Américains qui sous un grand tamtam ont fait d'une rue de Yaoundé l''avenue Rosa Parks'; pourquoi eux que tout prédisposait à comprendre les actes de Joe la Conscience, on dirait; pourquoi diable ont-ils bouché leurs oreilles à son cri?

Faut-il penser que ce sont les lois du 'bon voisinage' que l'ambassadeur américain Niels Marquardt avait promis à Paul Biya de respecter jadis, qui les empêche aujourd'hui d'exiger du dictateur de chez nous qu'il libère immédiatement le défenseur des droits civiques des Camerounais, Joe la Conscience? Inutile de dire que Rosa Parks se retournerait dans sa tombe de savoir son histoire ainsi trainée dans la boue de Yaoundé par l'ambassade de son pays, les États-Unis, elle, cette digne Africaine et Américaine, dont l'un des disciples dans notre pays aura pourtant payé le prix le plus élevé, l'assassinat sauvage de son fils, Patrick

Lionel Aya; elle, dont le disciple est à Kondengui pour avoir répété cette phrase qui à Montgomery lui fit jadis, à elle, ne pas se lever de son siège de bus et payer 5900 francs CFA (c'est-à-dire: 14 dollars) de contravention: 'trop c'est trop!' Quant à nous, si le silence américain nous dit une chose, c'est ceci: c'est entre nos mains, entre nos mains seules que se trouve la clé de notre libération de cette dictature qui aujourd'hui nous étrangle. Oui, c'est au bout de notre courage seul que se trouve notre salut, même si – nous osons l'espérer – ce novembre 2008 annoncera peut-être le retour de cette autre politique africaine des États-Unis – celle-là dont nous avons eu l'image chez nous en 1990.

5.

Voici pourquoi nous ne vous disons pas merci, Monsieur le President!

Le 20 Mai 2008, Joe la Conscience fut libéré de prison, seul prisonnier sorti en fin de compte des milliers qui furent arrêtés en même temps que lui.

Monsieur le Président:

Ainsi vous venez de signer le décret libérant nos petits-frères que vous aviez jeté vous-même en prison en février, parce qu'ils avaient eu le courage de crier au monde entier qu'ils ont faim. Ils vont donc rentrer à la maison, ces enfants que vos medias aux frais de nos impôts, nous ont présenté sans honte comme étant des 'casseurs', des 'vandales', ces enfants d'autrui de qui sans doute aujourd'hui ces mêmes medias attendent de la gratitude. Dans les antichambres de vos militants, il se prépare aussi déjà, certainement, des voix pour célébrer votre clairvoyance, pour féliciter votre magnanimité, et pour applaudir votre grâce.

Pourtant même si nous disons qu'il était temps, nous ne pouvons pas vous remercier, Monsieur le Président, et pour cause: ces jeunes n'auraient jamais dû être arrêtés ni jetés en prison, et jamais non plus ils n'auraient dû passer les deux mois qu'ils ont passé dans les cachots! Pourquoi? Eh bien, parce que ce qu'ils demandaient est, et avait toujours été légitime: la prise en compte de cette famine qui ronge le ventre de chacun d'entre nous, devant la corruption totale de votre régime. Or vous leur aviez d'ailleurs déjà donné raison! Ainsi vous aviez par décret baissé le prix des marchandises communes, même si vous aviez tout de même abandonné à la torture de votre police et de vos gardes-prisonniers, ces enfants qui avaient eu le courage de mettre leur vie en jeu pour exiger de vous une meilleure vie.

Nous ne pouvons pas non plus vous remercier, Monsieur le Président, parce que ces enfants d'autrui sortis de prison, retourneront dans les maisons de la misère intacte d'où est partie leur colère de février. Et là ce qui les attend comme cadeau, au lendemain même de la joie toute évidente de leur famille, c'est l'absence de futur que votre gouvernement aura fabriqué pour eux, bref, c'est la galère qu'ils connaissaient déjà, c'est le chômage systématique et c'est l'exil comme seule perspective. Ce qui les attend, c'est donc l'échec de votre politique qui pendant vingt-cinq ans ne s'est jamais représenté qu'un pays se bâtit avant tout sur les promesses de sa jeunesse, mais toujours n'a vu en celle-ci que des bras nombreux qui applaudissent à votre passage, des bras dont certainement vous attendez aujourd'hui qu'ils se baissent pour vous dire merci.

Pourtant nous ne pouvons pas vous remercier, Monsieur le Président! Votre grâce ne pourra pas réveiller la centaine de morts inutile que votre violence aura ajouté à la déjà longue liste de ceux-là, tous des enfants d'autrui, qui auront perdu la vie au cours de votre régime, tués par votre police, par votre armée ou alors par vos gendarmes. Certains de ces jeunes retourneront d'ailleurs dans le deuil encore suspendu de leur famille. Ainsi il en est par exemple de l'artiste Joe la Conscience, lui qui après une longue marche n'a pas pu vous remettre la pétition portant la voix de milliers de Camerounais; lui cet artiste qui au contraire, aura été kidnappé devant l'ambassade américaine, et dont le fils, Patrick Lionel Aya, onze ans, aura été abattu par les soldats de vos grandes ambitions. Il s'en retournera chez lui, à Loum, voir sa maison dévastée, sa famille éparpillée, sa femme ayant été obligée de se réfugier dans le maquis pour éviter le harcèlement de votre police.

Non, nous ne pouvons pas non plus vous remercier, Monsieur le Président, parce que la revendication la plus intime qui était inscrite dans la parole de tous ces jeunes qu'aujourd'hui vous libérez de vos prisons, vous a laissé froid. Et ce qu'ils vous demandaient, c'était de ne pas toucher à l'article 6.2 de la Constitution de 1996, qui vous aurait mis à la retraite, et donc qui pour eux aurait ouvert les portes à un autre Cameroun, au Cameroun du futur. Or vous n'avez pas seulement piétiné la demande logique de ces jeunes, leur demande si évidente devant le désastre qu'est votre régime: vous avez également ajouté à cette infâme Constitution des clauses qui non seulement infantilisent et jettent notre pays à vos pieds, mais aussi vous donnent l'immunité pour l'éternité!

Si nous ne vous remercions pas, Monsieur le Président, à ces jeunes que vous libérez aujourd'hui, nous disons merci, mille merci, car ils nous ont montré, ces enfants d'autrui, que le Camerounais dit non, a toujours dit non, et saura toujours dire non à l'infamie. Ils nous ont montré en leur colère sublime qu'il est des personnes dans notre pays qui par leur courage, par leur audace, fabriquent notre futur; des personnes qui donc nous donnent raison d'espérer, non, d'être convaincu qu'après vous notre pays existera encore. Car c'est une évidence, Monsieur le Président, de ces jeunes sur la biographie de qui vous venez d'ajouter qu'ils ont fait vos prisons, bref, que vous avez transformés en ancien-prisonniers de votre politique, vous venez de faire le symbole de toute la population de notre pays pour qui le Cameroun est aujourd'hui une prison.

Sincèrement,

Bertrand Teyou,
mon semblable, mon frère

1.

Allons-nous laisser Bertrand Teyou mourir en prison?

Ainsi donc, Bertrand Teyou fait la grève de la faim depuis le 15 février 2011, à l'hôpital de la prison de New Bell. Je n'ai pas besoin de le connaître, pour voir dans son sort une autre infamie des grandes ambitions. Quel régime! Je n'ai rencontré Teyou qu'une fois. En mai dernier à Douala, des artistes organisèrent une virée poissonnière, au cours de laquelle ils voulaient bénir le magazine *pulsations* que je lance. C'est à cette occasion qu'il me parla de son livre, *L'Antécode Biya*. Je sais les grincements de dents et donc la violence du despote de chez nous, devant quelque signe d'intelligence critique. L'aventure plutôt abracadabrante qui a suivi la sortie de l'opuscule de Teyou ne m'a donc pas surpris: interdiction de lecture publique, saisie; que pouvais-je attendre d'un pouvoir qui coffre un chanteur pour avoir chanté, et emplit nos oreilles de cacophoniques louanges au tyran? Que pouvais-je attendre d'un régime qui interdit à des marcheurs de marcher, et en même temps jette dans les avenues des jeunes braillards à sa solde pour dire au potentat mille mercis pour rien? Drôle de régime dont le président coffre un écrivain pour avoir écrit un livre sur sa femme! Ce soir-là, Teyou lui, m'avait laissé l'impression d'un être digne et de principe. Je savais qu'il gagnerait cette bataille qu'il me décrivait: la nôtre. Il m'avait alors parlé d'un manuscrit sur lequel il travaillait, et m'avait promis de me l'envoyer.

Il fallut que j'entende parler de ce livre, *La Belle de la République bananière: Chantal Biya, de la rue au Palais*, à travers les journaux, qui en même temps m'informèrent que Teyou n'était pas seulement condamné à payer une bagatelle de deux millions de francs d'amende pour 'diffamation' et 'manifestation interdite' (la soirée dédicace de son livre); pire: il a été jeté à la prison de New Bell depuis octobre 2010! Qui comme moi a porté durant toute son adolescence et sa vie adulte, pendant 29 ans donc, la gangrène cancéreuse du renouveau au pied, sait qu'au crime ce régime ajoute toujours la lâcheté, et à la violence l'assassine perfidie: je ne fus donc pas surpris – qui le serait, entre nous? – de lire dans quelques journaux qu'après son arrestation, Bertrand Teyou perdait également sa fille âgée de 8 ans de manière violente, calcinée que celle-ci aura été dans une maison au quartier Boko à Douala. Ah, faut-il être superstitieux pour voir ici une répétition du crime toujours lâchement double du renouveau qui jadis, en 2008, jeta Joe la Conscience en prison en même temps qu'à Loum, froidement, des gendarmes assassinaient son enfant? Comment ne pas y voir une répétition de la violence toujours nécessairement collatérale de ce régime qui jeta Pius

Njawé en prison, et en même temps brutalisait son épouse au point de lui faire avoir une fausse couche? Comment être surpris par un régime qui emprisonne un journaliste pour avoir interviewé un prisonnier?

Bertrand Teyou fait la grève de la faim, pour exiger le respect de ses droits fondamentaux. Chaque jour il voit un peu plus de sa vie lui échapper, pour avoir dit ce que tous nous savons: Que notre pays est pris dans les engrenages de la pire des dictatures qu'il y ait; que notre destin est menacé par sept ans de plus que le RDPC veut donner à un homme de 80 ans, qui en 29 ans comme président n'a semé autour de lui que misères. Chaque jour que l'écrivain prisonnier passe en silence, Biya et ses sbires dansent, eux qui se frottent les mains d'avoir cassé la gueule à un plumitif de trop, comme ils jubilaient sur le cadavre encore chaud de Pius Njawé qu'ils ne laissèrent même pas aller en paix au paradis, trop contents qu'ils étaient que *Le Messager* ne leur soit plus arête dans la mangeoire. Ah, quel pays est-ce là où le président peut impunément faire de la Constitution ses papiers de toilettes, tous les jours inonder les ondes des médias du contribuable aux hymnes à sa gloire seule et à celle de son épouse, tandis qu'il écrase dans le noir tous ceux dont le réflexe de dignité simple est de dire non à sa jacassante nuisance? Est-ce vraiment le Cameroun ça?

Chers amis, détrompons-nous: il n'y a pas de liberté dans un pays où l'outrage est un crime. Il n'y a pas de démocratie là où le régime au pouvoir ne tolère pas d'interpellation. Car interpeller l'autorité est un droit fondamental de citoyen. Même l'injure au pouvoir n'est que l'expression verbale du vote-sanction qui est impossible lorsque comme chez nous les élections sont truquées. Quand le vote ne compte plus, la vilipende est le seul recourt citoyen qui reste. Or, qui d'entre nous, n'est pas outragé devant les folies cocasses des grandes ambitions? Et puis surtout, qui d'entre nous ne voit pas sa déchéance se manifester le plus palpablement dans les extravagances de Chantal Biya? Qui parmi nous n'est pas embarrassé par les accoutrements, les perruques, les fréquentations, de cette dernière? Qui donc ne voit pas qu'elle est bien l'Imelda Marcos camerounaise? Qui ne voit pas que c'est elle qui donne une forme enfin visible à cette criminelle farce des grandes ambitions qui jadis se cachaient encore sous le manteau respectable de la 'moralisation'? Pour notre salut à tous, il fallut qu'enfin un écrivain donne publiquement à cette gangrène qui nous ronge tous un nom: Bertrand Teyou le fit. Allons-nous donc le laisser crever en prison? Bèbèla.

Une version censurée de ce texte fut publiée dans la presse au Cameroun.

2.

Déclaration du Coliberté (Comité pour la libération de Bertrand Teyou)

Qui est trop pressé d'incarcérer s'accuse. Tel est le résumé de ce qu'il est convenu maintenant d'appeler l'affaire Teyou-Chantal Biya, qui oppose la première dame de la république du Cameroun à l'auteur de *La Belle de la République bananière: Chantal Biya, de la rue au Palais*. En ce jour, Bertrand Teyou, l'auteur du livre suscité réside à la prison centrale de New Bell à Douala, où il a été transféré le 10 novembre 2010, après une garde à vue de quelques jours au commissariat central du 1er arrondissement de Douala. Justice camerounaise cette fois plutôt diligente, s'il en est, car il a été arrêté seulement le 3 novembre 2010. Or le 19 novembre déjà, il était condamné par Mme le juge Rachel Fotso du tribunal de première instance de Douala-Bonanjo, à deux ans d'emprisonnement, sinon au payement de 2 millions de FCFA d'amende, plus 30150 FCFA de dépends. Teyou sort à peine d'une grève de la faim qui a ameuté l'opinion nationale et internationale sur son sort, dont nous qui de trois continents avons constitué un Comité pour sa libération, le Coliberté.

Le ministère public camerounais a retenu contre Bertrand Teyou, les délits d''outrage à personnalité' et de 'manifestation illégale.' Accusations plutôt graves pour un livre de 111 pages que les autorités trop pressées de saisir n'ont même pas eu le temps d'interdire, et pour une soirée de dédicace qui n'a jamais eu lieu. Jamais auparavant les pouvoirs au Cameroun ne s'étaient autant ligués pour s'acharner sur un livre que personne n'a lu, car tandis que le préfet du département du Wouri, Bernard Okala Bilaï, en interdisait la dédicace, le délégué régional à la Sureté nationale, Joachim Mbida, arrêtait l'auteur, et le juge Rachel Fotso, pour clore le tout décidait de son incarcération. Le livre de Teyou serait définitivement effacé de la mémoire des vivants, si le préfet, le délégué régional à la Sureté nationale, et le juge n'avaient commis six fautes graves, car:

1. Selon le Code de la procédure pénale, la justice n'est mise en branle au Cameroun qu'après le crime, et ce, s'il y a eu plainte, dénonciation ou constat de crime. Or le livre, *La Belle de la République bananière: Chantal Biya, de la rue au Palais* n'est pas interdit. La dénonciation d'un tiers était impossible, étant donné la saisie de celui-ci avant la cérémonie de dédicace, sa mise sous scellé et sa destruction, y compris les exemplaires encore en stock à la Lipacam et au bureau de l'auteur à Akwa. Le 3 novembre, le délégué régional de la Sn Joachim Mbida a de toute évidence remis à Bertrand Teyou une ordonnance d'arrestation, sans avoir laissé à ce dernier le temps de commettre le crime qu'il lui reproche.

2. Même pour les cas 'd'outrage à personnalité', la justice ne peut pas se mettre en mouvement et condamner, s'il n'y a ni plainte ou dénonciation, ni constitution de partie civile. Or Chantal Biya n'a jamais porté plainte ni contre Teyou, ni contre *La Belle de la République bananière: Chantal Biya, de la rue au Palais.* Le délégué régional à la Sureté nationale, Joachim Mbida, le préfet du Wouri, Okala Bilaï, ou le juge Rachel Fotso se seraient-ils eux, constitués en tiers et donc en partie civile qu'il y aurait ici un cas extraordinaire de juge et de partie, et donc d'abus grave de fonction.

3. Le Code pénal camerounais ne reconnaît pas la catégorie d''outrage à personnalité' comme s'appliquant à l'épouse du chef de l'Etat. Nous avons donc ici une interprétation abusive de l'article 153 alinéa 1, qui à côté du président de la République, du vice-président et de chefs d'Etat étrangers, ne mentionne pas les membres de la famille de ceux-ci, mais plutôt toute 'personne qui exerce tout ou partie de ses prérogatives'.

4. Bertrand Teyou a été condamné pour 'manifestation illégale', pour une soirée de dédicace livresque, comme des écrivains en font constamment au Cameroun, soirée pour laquelle il n'est jamais usage d'avoir une autorisation préfectorale préalable, une déclaration étant suffisante selon l'article 231 du Code pénal, et celle-ci n'étant d'ailleurs pas obligatoire. Or pour le cas de figure, l'auteur avait bien déclaré la tenue de sa dédicace à l'hôtel Somatel. En plus, il a été arrêté devant la porte encore fermée de la salle où celle-ci devait avoir lieu.

5. Le livre *La Belle de la République bananière: Chantal Biya, de la rue au Palais*, a été mis sous scellé et la destruction des exemplaires saisis a été ordonnée. Or ici nous avons un cas trop évident de violation de la liberté d'expression, liberté qui est protégée par la loi camerounaise. De même, l'interdiction de la soirée de dédicace a eu lieu en violation totale de la liberté d'association qui elle aussi est protégée par la loi camerounaise.

6. Enfin, et plus grave encore, Bertrand Teyou a été condamné sans avoir eu recours aux services d'un avocat pour sa défense, pratique minimale de respect des droits fondamentaux d'un citoyen. Pourquoi le préfet du Wouri, le délégué régional à la Sureté nationale, et le juge du tribunal de première instance de Douala-Bonanjo, étaient-ils si pressés de mettre Bertrand Teyou derrière les barreaux? Telle est la question.

Donc: procès kafkaïen et politique; condamnation sans incrimination; incarcération sans constat de délit; sans preuve même de celui-ci; présomption d'innocence bafouée; droit de défense piétiné. Il n'est cependant jamais trop tard pour punir les fautifs et réparer une injustice commise, l'auteur de *La Belle de la République bananière: Chantal Biya, de la rue au Palais*, qui souffre d'hypotension et d'hémorroïdes aigus, ayant déjà passé plus de quatre mois en prison où, à côté de la torture morale qu'il subit, il est logé avec des prisonniers de droit commun quand il n'est pas admis à l'hôpital. Le Comité pour la libération de Bertrand Teyou (Coliberté) demande donc que le préfet Bernard Okala Bilaï, le délégué Joachim Mbida et le juge Rachel Fotso soient relevés de leurs fonctions pour avoir desservi la justice, et exige la libération immédiate et inconditionnelle de Bertrand Teyou. Se taire c'est cautionner l'inacceptable, qui ouvre la porte au pire.

Signataires:
Patrice Nganang (écrivain, State University of New York, Stony Brook)
Brice Nitcheu (activiste, Londres, Angleterre)
Jean-Luc Raharimanana (écrivain, Madagascar, Paris, France)
Koulsy Lamko (écrivain, Tchad, Casa Refugio Hankili Africa, Mexico, Mexique)
Makhily Gassama (ancien ministre et conseiller de Léopold Sédar Senghor, Sénégal)
Nicolas Martin-Granel (enseignant, chercheur, affilié au CNRS, Paris, France)
Kenneth Harrow (professeur distingué de littérature en anglais, Michigan State University, USA)
Pour leur protection, les membres et contacts du Coliberté résidant au Cameroun sont maintenus dans l'anonymat.

3.

L'Affaire Teyou-Chantal Biya et la résurrection du Njockmassi

Chaque Camerounais devrait suivre avec une attention particulière les péripéties de l'affaire Teyou-Chantal Biya. Pas à cause du livre de 111 pages *La Belle de la République bananière: Chantal Biya, de la rue au Palais* qui a mis en branle l'arrestation de l'écrivain, car ce livre n'est pas interdit et n'avait d'ailleurs été lu par personne avant que n'éclate le scandale de l'arrestation de son auteur. Pas non plus à cause du double crime – 'outrage à personnalité' et 'manifestation illégale' – qu'on reproche à son auteur, car aucune plainte n'a jamais été déposée contre lui par la prétendue victime.

C'est que Bertrand Teyou n'a pas été condamné à une peine d'emprisonnement. Alors, me demanderez-vous, que fait-il donc embastillé dans la prison centrale de New Bell où il réside depuis novembre 2010? Tel est le nœud de la question, et tel se résume déjà le paradoxe qui fait de son sort une métaphore de notre condition à tous sous le régime des grandes ambitions. Car, selon les termes de son mandat d'incarcération, il a plutôt été condamné à payer la somme de 2 millions 30150 FCFA au titre d'amende et des dépens de la procédure.

Qu'a-t-il fait? Il a écrit un essai, tout simplement. Un essai dans lequel, parlant de la jeune fille d'une vingtaine d'année au centre de son livre, il écrit: 'Chantal n'est pas une prostituée, elle ne vend pas son corps pour de l'argent. Mais elle est une fille de joie qui ne dit pas non à une liaison, fût-elle éphémère, qui pourrait améliorer sa condition de vie. Elle n'est pas loin de la putain de la République, jeune fille, aux origines modestes, qui un jour se retrouva à un sommet qui écorcha son innocence sans jamais lui laisser la moindre trace du bonheur qu'elle s'imaginait.'

2 millions 30150 FCFA, voilà donc la punition réelle de Teyou, punition strictement pécuniaire qui est cependant transformée en incarcération 'jusqu'à son paiement intégral.' Or, Teyou n'a pas les moyens de la payer, parce que justement, il est incarcéré, ne peut pas travailler et donc gagner de l'argent.

Cercle vicieux créé par la loi infâme au nom de laquelle il est en prison, car il s'agit d'une contrainte par corps qui, à y voir de près, aurait dû pourtant satisfaire tout le monde si Teyou avait payé. D'abord le trésorier public qui aurait rempli ses caisses sans avoir besoin de lever des impôts inutiles; le juge Rachel Fotso du tribunal de première instance de Douala-Bonanjo ensuite qui aurait su sans mauvaise conscience, oublier le fait que le prévenu n'avait pas eu d'avocat lors de son procès, car après tout, le gendarme qui vous file un procès-verbal ou une contravention n'attend pas que vous vous trouviez un avocat lui non plus! Teyou, aurait dû lui aussi sourire, lui qui au fond sortirait de cette condamnation avec son casier judiciaire encore intact, si seulement il avait payé!

Alors, n'est-ce pas Teyou le problème? diriez-vous. Pourquoi ne paye-t-il pas? Autant que dans la procédure qui a été bafouée du début à la fin, le nœud du problème se trouve ici. Nous devons tous remercier Teyou, car aurait-il mobilisé terre et ciel et payé l'amende qui lui est imposée, que personne n'aurait vu aussi clairement cette infamie qui a été introduite dans le Code de la procédure pénale camerounais en 2005, quand il fallait répondre à la demande de formuler des procédures d'application des lois qui respectent les droits humains. Or il aura suffi que le prévenu soit insolvable, pour que soudain la machine qui automatiquement le jette en prison se découvre dans toute son injustice: juges transformés en écervelés gendarmes, droit de défense annulé, *habeas corpus* piétiné, présomption d'innocence annulée, condamnation à la hâte.

Une législation qui respecterait les droits humains des Camerounais aurait reconnu la possibilité en lieu d'incarcération, de la saisie et vente aux enchères des biens du prévenu au cas où il serait insolvable. Une telle législation aurait donné au condamné la possibilité de payer par tranches la somme qui lui est infligée, en lui laissant le droit de travailler, et donc la liberté. Au bas mot, elle aurait respecté la mémoire douloureuse des habitants de notre pays, qui ont inventé le mot 'njockmassi', pour désigner ce chantier de la mort à Njock où entre 1922 et 1925, nos grands-parents transformés en forçats parce que ne pouvant payer les impôts de l'Etat colonial, étaient livrés aux violences les plus abjectes que la contrainte par corps ait inventé.

Pour la petite histoire, les Camerounais que les colons appelaient indigènes, trouvaient l'impôt introduit par celui-ci très cher, et comme ils ne pouvaient payer, ils étaient enlevés de leurs villages et livrés aux travaux forcés. Ceux qui mouraient étaient enterrés sur place, parfois dans des fosses communes. Et leurs familles ne savaient même pas ce qu'ils étaient devenus. Les survivants et fils de survivants habitent encore Njock et dans les environs aujourd'hui. Le code de l'indigénat a été supprimé en 1944 au Cameroun, on le sait, et avec lui avait disparu le cercle vicieux de la contrainte par corps. Il a fallu qu'en 2005, le gouvernement des grandes ambitions retourne dans ce passé cruel pour le reformuler, de manière subreptice, dans les textes de sa dictature, le nouveau Code de procédure pénale!

Mais, il a surtout fallu que Teyou ne fût pas à même de payer les 2 millions 30150 FCFA de rançon imposés sur sa tête pour *La Belle de la République bananière: Chantal Biya, de la rue au Palais* et pour une soirée de dédicace avortée, pour montrer à la face du monde l'injustice des textes qui nous gouvernent. Car qu'est-ce qui justifie la condamnation pour outrage à personnalité de l'écrivain Teyou? Est-ce que le Juge a pris la peine de lire le livre incriminé? Qu'est-ce qui constitue l'outrage dans cet opuscule de 111 pages? Est-ce parce que l'auteur aurait écrit: 'Selon certaines estimations, sa cagnotte personnelle atteindrait déjà la rondelette somme de 150 milliards de francs CFA, distançant ainsi et de loin tous les éperviables, surclassant même la baraka du King Donatien Koagne, le roi de l'arnaque.'?

Le ministère public a évité de poursuivre l'écrivain en diffamation, ou pour le délit d'injure, car il aurait fallu la plainte préalable de la victime. Du reste, l'auteur avait bien précisé que son héroïne n'était pas une prostituée. Il a été poursuivi pour outrage à personnalité. Sans la plainte de la victime comment le juge a-t-il déterminé le mot ou la phrase outrageante dans un livre de 111 pages qu'il n'a pas lu? Il appartient à la victime de dire ce qui l'a outragé et non au Juge. Comment est-il possible d'admettre que les laudateurs du régime croient détenir le pouvoir de savoir ce qui plait ou déplait à la première dame, dont faut-il le souligner, c'est le passé qui a été particulièrement rapporté dans le livre de Teyou? Un passé que vit la majorité des filles en Afrique?

Le Code de procédure pénale est neuf, mais il est déjà vieux dans ses racines malfaisantes. Il était supposé nous libérer des années de l'arbitraire et faciliter l'inscription dans nos lois du respect de la personne. Il a remis cependant dans ses textes des injustices coloniales que nous croyions oubliées. Il suffit de payer, dit-on à Bertrand Teyou aujourd'hui, pour sortir de prison et être libre. Oui, il suffisait aussi de payer durant la période coloniale, et alors nos grands-parents pouvaient éviter les travaux forcés, la prison ou la chicotte! Cette économie de l'extorsion qui en 1925 exigeait aux habitants de Douala, de Nkongsamba et de Yaoundé de verser 2 francs par journée au trésor public pour éviter la contrainte par corps, demande aujourd'hui à un écrivain de verser deux millions 'au profit de l'Etat', sinon de passer deux ans en prison. Nos grands-parents, au lieu de payer, avaient choisi de détruire le système colonial. Allons-nous être plus poltrons qu'eux? Ah, ce que l'affaire Teyou-Chantal Biya nous montre plus que tout, c'est combien les grandes ambitions veulent nous transformer en indigènes, et s'enrichir à nos dépens.

Plus grave, sur le plan du droit, ce procédé cruel qui consiste à mettre en prison un condamné à l'amende alors que courent les délais d'appel est une violation flagrante de la présomption d'innocence. C'est un recul par rapport à la législation ancienne qui n'autorisait plus la contrainte par corps. Comment le citoyen face à la justice peut-il être contraint de payer les causes de la première condamnation alors qu'il lui reste la possibilité d'introduire son recours pour faire annuler la condamnation injuste? En effet au regard de la loi, le prévenu reste présumé innocent tant que sa condamnation n'est pas devenue définitive. Il est donc présumé innocent et de ce point de vue ne doit pas être contraint d'exécuter la sentence du premier juge. Or au Cameroun, vous ne sortez pas de la salle d'audience tant que vous n'avez pas payé la rançon.

Cela est parfaitement illégal et Teyou a bien fait de résister à cette loi injuste. De même, si Teyou avait eu les moyens de payer, il ne fallait pas le faire car le faire c'est encourager les prédateurs à continuer leur basse besogne qui consiste à exploiter jusqu'aux os les pauvres Camerounais pour s'enrichir. Ce qui arrive à Teyou peut arriver à tout le monde et nous devons nous opposer à cette loi injuste.

Ce régime qui fait de l'argent son centre unique d'intérêt met les Camerounais en otage par sa justice. Désormais vous leur payez de l'argent ou vous allez en prison, comme hier à Njockmassi! Cela est inacceptable et nous devons rejeter ce chantage à la liberté, comme nos parents avant nous l'ont refusé aux colons blancs.

(écrit avec Jean de Dieu Momo)

4.

L'Affaire Teyou-Chantal Biya et la culture de l'intimidation

L'alphabet français a vingt-six lettres. L'autre jour un type, Ambassa Nkeuya Jean-Damas, car tel est parait-il son nom, en a utilisé vingt et une au total pour m'écrire une menace de mort, dans un message sur Facebook simplement intitulé ‚Avertissement'. Selon l'article 301 du Code pénal du Cameroun, les menaces proférées sont un crime 'puni d'un emprisonnement de dix jours à trois ans et d'une amende de 5000 à 15000 FCFA. Evidemment, j'aurai pu faire signe à la Sureté nationale camerounaise, mais nous savons que tout commissaire de notre pays me chasserait simplement de son bureau. Le crime d'Ambassa Nkeuya Jean-Damas restera ainsi impuni. L'écrivain Bertrand Teyou dont ma défense a poussé un homme de l'ombre à m'écrire une note d'intimidation, a utilisé treize lettres du même alphabet français, pour écrire le titre d'un livre de 111 pages que personne n'avait lu quand il fut saisi chez l'imprimeur et détruit, sans qu'il soit interdit, *La Belle de la République bananière. Chantal Biya, de la rue au Palais.* Pour ce, il languit dans la prison centrale de New Bell à Douala, arrêté qu'il aura été par le délégué à la Sureté nationale, et condamné qu'il est à payer 2 millions 30150 FCFA de dépends, pour ‚outrage à personnalité' et ‚manifestation illégale.'

Ainsi va le Cameroun, ce pays des grandes ambitions! Ah, s'il y avait une justice au Cameroun, Ambassa Nkeuya Jean-Damas serait coffré aujourd'hui même, mais bien sûr il me dira (par Facebook?): va donc porter plainte! Je lui avoue ici, je n'ai pas porté plainte contre lui, et, reflexe d'écrivain, je perds plutôt mon temps à écrire cet article qui le fera sans doute éclater de rire, libre qu'il est d'exécuter sa menace demain contre moi. Va donc porter plainte, dit-il sans doute, et que la police vienne m'arrêter. Il a raison: la justice camerounaise ne se met en branle que lorsqu'il y a plainte. Seulement, Chantal Biya, la première dame du Cameroun qu'il défend, n'a pas porté plainte non plus. Bertrand Teyou est pourtant en prison pour s'être servi lui aussi de l'alphabet français à sa guise, exactement comme le sieur Ambassa Nkeuya Jean-Damas. Voilà donc en résumé ce qu'est devenu le Cameroun à l'ère qu'on nous disait renouveau: une terre de profonde injustice, où des criminels se pavanent en s'éclaffant, et où des innocents sont en prison, alors que tous les deux ont fait la même chose: ici, se servir de quelques lettres de l'alphabet français pour écrire des phrases. Et je suis sûr qu'Ambassa Nkeuya Jean-Damas, s'il a des enfants, car même les tueurs de l'ombre ont parfois des rejetons, leur tient la main et leur apprend à écrire le soir dans le salon de sa maison, à la lueur de la lampe-tempête.

Ils sont nombreux au Cameroun qui durant ces dernières années ont perdu leur vie pour avoir utilisé l'alphabet français pour écrire: Jean-Marie Tchatchouang est aujourd'hui sur le banc des condamnés, là où hier était assis Jean-Bosco Talla, aux portes de la cellule où Bibi Ngota est finalement mort torturé. Oui, torturé à mort pour s'être servi, comme Ambassa Nkeuya Jean-Damas, de l'alphabet français pour écrire des phrases! Si ces vingt-six lettres sont si dangereuses, dites-moi, pourquoi Ambassa Nkeuya Jean-Damas les enseigne-t-il à ses enfants? Pourquoi nos enfants s'y exercent-ils donc pendant des dizaines d'années dans nos écoles et aux frais de l'Etat? Après tant d'effort et de sacrifices, pourquoi leur serait-il donc interdit de l'utiliser comme l'a fait Bertrand Teyou, pour écrire un livre? Ceux-là qui emprisonnent un écrivain pour avoir écrit un livre savent-ils que pour tout livre l'écrivain n'a besoin que des vingt-six lettres de l'alphabet? Savent-ils qu'il ne faut pas plus pour écrire la Bible ou d'ailleurs le Code pénal? Savent-ils que tout journal n'utilise rien de plus que ces mêmes lettres? C'est dire que les métiers de l'écriture sont dangereux au Cameroun, livrés qu'ils sont à cet arbitraire qui fait qu'un Ambassa Nkeuya Jean-Damas puisse impunément écrire une menace de mort sur internet pour menacer un écrivain qui lui aussi écrit librement sur internet. Quel pays!

‹Je sais que sur le net tout peut se dire du moment que l'on prétend être loin du pays', m'écrit Ambassa Nkeuya Jean-Damas. De quel pays parle-t-il? De tous les pays d'Afrique, le Cameroun est bien le seul où sept alphabets ont été inventés, du lewa à l'a ka u ku, de 1889 à 1916, par le roi Njoya, sultan des Bamum. Faut-il que de tels firmaments de l'esprit, les grandes ambitions, l'actuel régime qui dirige ce pays, nous fassent dégringoler dans les caniveaux? Allons-nous laisser ce pays si riche, oui, cette terre de l'intelligence, être transformé devant nos yeux par des abrutis en un pays où les professionnels de la plume ont finalement peur d'écrire? Nous qui croyions que la culture de l'intimidation s'arrêtait dans l'enfance, voilà que les grandes ambitions nous y ramènent. Ah, que j'ai envie de dire à tous ces katikas, et à Biya en premier qui leur donne un salaire de Judas: pourquoi venez-vous donc si tard? Pourquoi lorsque chacun de nous sait déjà écrire, vous embrouillez-vous à coffrer ceux d'entre nous qui se servent de l'alphabet comme cela ne vous plait pas, et à tuer ceux qui écrivent des phrases qui vous exposent dans votre hideuse laideur? Dites, pourquoi n'allez-vous donc pas dans tous les jardins d'enfant, dans toutes les écoles primaires du Cameroun interdire l'enseignement de l'alphabet français? Ambassa Nkeuya Jean-Damas cite la Bible dans sa menace. Qu'il la relise donc, il y verra que l'épée d'Hérode égorgea le Messie dans le berceau. Alors, cher ami, j'ai envie de lui dire: arrête de ciscia les écrivains, de torturer et de tuer les journalistes! Biya, interdis plutôt l'alphabet dont ils se servent, oui, c'est moins sanglant et plus efficace: interdis l'alphabet! Bèbèla!

5.

Chantal Biya dépasse-t-elle Germaine Ahidjo?

Paul Biya aime être invité à l'Elysée, on le sait. Il oublie cependant que la France qui en toute chose lui donne l'exemple, a bâti sa république sur le guillotinage de son roi, mais aussi de Marie-Antoinette, l'épouse de ce dernier qui demandait au peuple français affamé de se nourrir de gâteaux. La révolution russe a suivi cette tradition sanglante bien française lorsqu'elle a mis devant un poteau d'exécution le tsar, son épouse et ses enfants. Plus proche, qui oubliera donc les images atroces de l'épouse Ceausescu, qui fut fusillée avec son mari, dans une rafale autant de balles que d'injures? Et puis, ah, Imelda Marcos aux mille et une chaussures, comment l'oublier, celle-là, elle qui porterait sans blague la médaille qui est affublée à notre Chantal-Biya-de-la-coiffe, de 'mascotte' du RDPC comme nous dit le journal *Mutations*? Mais comme on sait, Imelda fut condamnée, pas à mort mais à l'exil.

La longue liste de ces épouses de président condamnées avec leur mari ne serait pas complète évidemment, si elle ne touchait le sol de notre pays, car après tout, comment le croire, l'épouse du premier président de la république du Cameroun, Germaine Ahidjo, purge encore au Sénégal une condamnation à l'exil dont l'a frappée les grandes ambitions en même temps que son mari qui ainsi seulement échappa à la peine capitale! Voilà donc, les épouses des présidents de la république, au Cameroun aussi, sont à la barre, et n'avaient-ils fui après le 6 avril 1984 que sans doute Ahmadou Ahidjo et Germaine seraient comptés parmi les centaines de Camerounais, 'mutins', comme on les appelait alors, qui dans l'arrière-cour de notre collectif ronron furent exécutés par les balles du renouveau. Eh oui, longtemps veuve, Germaine, dont une avenue à Yaoundé porte le nom, épouse du premier président camerounais, vit encore en exil au Sénégal, punie qu'elle aura été par Paul Biya lui-même, pour rien d'autre que son mariage avec Ahidjo, premier chef de l'Etat du Cameroun!

Ce petit rappel de notre histoire contemporaine est important, car si l'affaire Teyou-Chantal Biya m'a fait découvrir beaucoup de bonnes choses sur nous autres, elle m'a aussi fait me rendre compte de ce que, intoxiqué par sa jaccassante propagande, le régime de Biya croit le peuple camerounais amnésique devant sa violence collatérale. Teyou avait déjà mis tout le monde en garde dans une interview du fond de sa cellule, interview qui fut publiée dans *Le Jour*: 'Tout le monde a peur', y avait-il dit. 'Chantal Biya au Cameroun est plus menaçante que Biya. Si j'écris un livre sur Chantal Biya, je suis arrêté, mais après le livre sur Paul Biya, je n'avais pas été inquiété.' Le chef de rédaction d'un important journal me l'avait dit lui aussi: les grandes ambitions sont frappées de quinze minutes de folie dès qu'on parle de Chantal. Et voilà, défendre cet écrivain que je ne connais même pas, que je n'ai rencontré qu'une fois, m'a fait recevoir pas seulement des injures et des réprimandes, mais aussi ma première menace de mort!

De toute évidence, ce reppe de Biya-là doit avoir un problème de femmes! Malgré son quotidien viagra, est-il donc si incertain du tremolo de son bangala? Bèbèla: voilà un type qui ramasse une nga que même les donatiens ont couillé dans le watarout, et qui ne veut pas qu'on dise qu'elle est une wolowos! Et ses sbires de l'ombre alors: quel est leur problème à eux? On a envie de leur demander, puisqu'ils exigent qu'on leur parle en français de France: eh, vous qui êtes si forts à défendre 'l'épouse du chef de l'Etat', pourquoi après qu'elle ait passé vingt-sept ans d'exil ne laissez-vous donc pas Germaine Ahidjo, 'épouse de chef de l'Etat' comme on sait, et première première dame du Cameroun en plus, enfin rentrer au Cameroun? Ces individus qui battent leur épouse à la maison, inondent Kah Walla au lacrymogène, mais découvrent soudain leur féminisme quand il s'agit de torturer des innocents pour Chantal Biya, pourquoi ne vont-ils donc pas sur la page Facebook de Germaine Ahidjo lui donner la déférence qu'ils veulent qu'on réserve sur internet à leur Imelda Marcos?

Ils sont nombreux, ces Camerounais qui ont écrit, demandant de 'laisser la femme d'autrui tranquille', comme on dit chez nous. Qui ont rappelé ce code de la moralité publique camerounaise qui veut que l'épouse soit hors-jeu de la bataille politique. Même oubliant Germaine un instant, il aurait été suffisant de leur dire la position de Chantal Biya dans le RDPC pour les confondre, mais Teyou le fait dans *La Belle de la République bananière: Chantal Biya, de la rue au Palais*. Plus important ici est donc plutôt ceci: la dame ne s'est pas plaint, ce qui a rendu impossible la condamnation de l'écrivain pour diffamation. Or selon le Code de la procédure pénale camerounais, le crime d'outrage à personnalité pour lequel il est en prison ne s'applique pas à l'épouse du président de la République, ni à ses enfants. Le juge avait-il suivi la lettre de la loi camerounaise, que l'écrivain ne serait pas coffré. Mais lui aussi hélas, n'a suivi que le dictat du renouveau et n'a appliqué que sa violence. Drôle de régime!

6.

Chantal Biya est le symptôme de la malfaisance des grandes ambitions

La campagne pour la libération de Bertrand Teyou m'a appris beaucoup de bonnes choses sur nous autres, Camerounais. Mais d'abord voici les faits: écrivain, Teyou réside actuellement à la prison centrale de New Bell, pour avoir écrit un livre outragé, *La Belle de la République bananière: Chantal Biya, de la rue au Palais.* Il a écopé de deux ans de prison pour son audace, au cas où il refuserait de payer la somme de 2 millions 30150 FCFA de dépends. Constituer le Coliberté, le comité pour sa libération aura été difficile, à cause de Camerounais qui auront plusieurs fois trouvé des excuses pour refuser de signer. La raison la plus évidente est certes la peur de rétributions de l'éreinté mais priapique dictateur et de son épouse rocambolesque, sinon de leurs malabars de sous-quartiers. Celle que j'ai le plus entendu cependant est ce reproche caché qui veut que Teyou ait commis la faute sociale de s'attaquer à la femme d'un homme: 'je n'aime pas sa manière de faire', m'a dit un ami pourtant très courageux autrement. C'est qu'il a commis, Teyou, moins un outrage qu'un crime d'honneur, s'il en est un chez nous, car entre nous, qui laisserait un kengué insulter son épouse? Quel homme accepterait telle violence collatérale? Pas moi, de toutes les façons!

Honorables Camerounais qui ont un reste de dignité lorsque leur tyran de président lui-même n'en a plus aucun, lui dont les soldats fusillent en plein salon de ses parents, le fils de Joe la Conscience à Loum, alors qu'à Yaoundé son père est en train de marcher contre son tripatouillage d'articles de la Constitution. Lui dont les policiers malmènent l'épouse de Pius Njawé au point de lui faire avoir une fausse couche, alors que son mari est en prison pour avoir posé une seule question. Et ce n'est pas jusqu'à Bertrand Teyou qui a perdu sa fillette quand en prison, ou alors Paul Eric Kingue qui lui aussi a perdu son fils de 11 ans, enfants tous victimes de cette violence collatérale qui est la signature particulière de plus en plus reconnue des grandes ambitions. Ainsi s'attaquer à Chantal Biya, serait tomber dans cette même sanglante cruauté dans laquelle baigne Paul Biya, et les Camerounais, peuple plus honorable que ceux qui les gouvernent, se refusent de sombrer si bas. Non, disent-ils, nous sommes un peuple de grandeur! Et puis surtout: le bon Camerounais ne fait pas des trucs comme ça! Ils savent tous que ce machin de renouveau-là va mal finir, les Camerounais, que Biya va partir, fait quoi fait quoi, et refusent de se salir de la boue sanglante de ses pieds!

Pourtant il faut le dire: Chantal Vigouroux, est bien la dramatisation tardive de la vérité de ce type dont le silence et la discrétion durant des années nous cachaient la profondeur perverse des désirs. C'est qu'elle est-ce poster lascif ('mascotte', dit d'ailleurs le journal *Mutations*) devant lequel se masturbe le séminariste. Elle est la matérialisation des rêves érotiques du mari à l'épouse longtemps frigide. Or, nous savons que les murs de la chambre du célibataire emplis de photos de femmes nues disent tout sur les rêves pornographes du célibataire, et rien sur les femmes dont il ne connaît parfois même pas le nom. Tous nous sommes surpris de découvrir l'érection des vieillards, et à ceux-là notre langage donne un nom de charognard: cou-plié. Or, découvrir qu'au sommet de l'Etat camerounais se trouve un cou-plié, voilà un embarras qui mortifie intimement les ministres des grandes ambitions, même s'ils ne peuvent pas le dire: d'où leur précipitation à effacer à grands bruits et avec des déclarations plus abjectes que sincères, les frasques sotte de la dame; d'où leur embrouille à défendre l'Imelda Marcos de chez nous, en usant de leurs titres ministériels, en même temps qu'ils parlent de respect et de déontologie; d'où leur propension à punir plus qui touche à Chantal que qui s'attaque à Paul Barthelemy; d'où donc leur violence collatérale qui fait que Bertrand Teyou n'ait pas été emprisonné pour son *Antécode Biya* qui s'attaquait au président de la République, mais soit frappé du crime d'outrage à personnalité pour *La Belle de la République bananière* qui touche la femme de ce dernier, deux livres pourtant au même style.

C'est qu'il y a deux genres de dictatures: il y en a qui respirent un excès de force, qui baignent dans le trop de puissance; Kadhafi, et dans une certaine mesure Mobutu seraient les exemples parfaits. Ici le potentat s'habille de l'omnipotence, et sa parole est forte: il est un grand discoureur, sinon un grand bavard. Il est d'habitude un militaire de formation. Ses rêves sexuels sont visibles, mais ils ne surprennent plus, même lorsqu'ils sont cocasses. Ainsi en est-il de la garde féminine du colonel Kadhafi, ou des femmes jumelles de Mobutu. Leur régime est celui de la terreur, et la précision de leur violence fait qu'on sache par avance les crimes à ne pas commettre, car même la tyrannie a sa logique. Mais il est aussi des dictatures qui vivent de l'impuissance, et qui ont à leur tête d'habitude un civil. Nées d'hommes diminués, de maris castrés à vrai dire, tel celui-là qui au sortir d'un ménage consommé pendant trente ans dans l'hypocrisie, père d'un enfant fait en cachette, avec la sœur de l'épouse légitime ou avec qui sait-on?, fête des noces consommées sur le tard. Ces dictatures-là sont le fait d'hommes rendus incertains, de maris qui pleurent dans leurs toilettes en silence, d'adultes qui pissent au lit. Le régime de telles dictatures est celui de l'arbitraire, leur violence est nécessairement collatérale, elle qui nait moins de la force que de la faiblesse, et sort des réflexes occasionnels de tyran à la voix cassée. Ici Biya serait l'exemple parfait, et la révélation sur le tard de ses désirs n'a d'affreux que le fanfaron que ceux-ci nous présentent, car ces désirs-là sont ceux du nouveau bachelier de dix-huit ans qui s'en va le soir de la lecture des résultats dans un circuit de la Brique s'attraper une rustique wolowos, ou de l'époux frustré qui rode au sortir du lycée de la Cité verte pour frapper une petite. Au lieu d'un lion, Paul Biya est ce charognard-là.

Décrire Chantal Biya, ce n'est donc pas s'attaquer à une femme, non. C'est présenter dans sa perversion totale la décadence des désirs de ce vieillard de 80 ans, qui a passé 29 ans déjà au pouvoir et en veut sept de plus; mais surtout c'est dire que ses désirs séniles sont un luxe dont notre pays trop jeune ne peut pas se payer. Car ces désirs du vieux despote, s'ils font en cachette pouffer de rire tous ceux qui devant son visage se taisent prudemment ou qui au passage du couple présidentiel camerounais sifflotent comme si de rien n'était; s'ils emplissent la littérature des satires qu'on sait, deviennent assassins quand la vie d'un peuple est en jeu. Les Camerounais se réveillent peu à peu du somnifère de cette trop longue charade qui à leurs frais leur est servie tous les jours en français et en anglais à la CRTV, avec ses chansons de chorale, avec sa farce humanitaire, avec son gaspillage dément dans des hôtels suisses où le tyran a pourtant un vaste château, avec ses starlettes de tabloïds américains, et ses enfants aux noms de séries de télé. Oui, croyez-moi, chers amis, les Camerounais se réveillent enfin! Mais avant le lever du matin de notre libération, il fallut qu'un écrivain nous dise en des termes simples ce qu'est Chantal Biya en réalité: c'est-à-dire, qu'elle est le symptôme de ce cancer que le renouveau nous cachait depuis 1982, mais que les grandes ambitions nous révèlent enfin; bref, qu'elle est le visage d'un vieux dictateur qui sent sa fin prochaine, qui sait que sa fin de règne sera de fuite ou d'incarcération, et au lieu de faire ses bagages, joue le débile. Ah, il fallut que Teyou nous dise cette vérité simple. Allons-nous donc le laisser pourrir en prison, pour nous avoir dit ce que tous nous savons en réalité? Bèbèla.

7.

Résultats de la campagne du Coliberté

En mars 2011, des citoyens du monde entier se sont réunis publiquement en un Comité pour la libération de Bertrand Teyou (Coliberté), pour œuvrer à la libération de l'écrivain. Celui-ci avait été condamné à payer 2 millions 30150 FCFA pour 'outrage à personnalité' et pour 'manifestation illégale'. Empêché de travailler et donc incapable de réunir cette somme, depuis le 3 novembre 2010, date de son arrestation, il était incarcéré à la prison de New Bell à Douala. L'écrivain avait été écroué pour avoir publié un essai, *La Belle de la République bananière: Chantal Biya, de la rue au Palais*, et pour avoir organisé une soirée de présentation publique de son ouvrage à l'hôtel Somatel à Douala.

Depuis, Bertrand Teyou a été reconnu comme prisonnier d'opinion par Amnesty international, qui en outre a mis en branle son action rapide et ainsi à travers ses multiples antennes, a contacté les autorités camerounaises, le président de la République du Cameroun d'abord, son premier ministre, tout comme leurs ambassadeurs à l'étranger. De même, le Comité pour écrivains incarcérés du PEN International, le syndicat international des écrivains, surtout ses antennes nationales des Etats-Unis, d'Allemagne, d'Angleterre et du Canada, ont contacté les mêmes autorités camerounaises, pour exiger d'elles la libération de l'écrivain.

Pour permettre le traitement médical rapide de Bertrand Teyou qui souffre d'hémorroïdes aigus et d'hypotension, des amis de bonne augure ont décidé de payer les 2,030,150 CFA de rançon qui retenaient l'écrivain en prison, pour ainsi permettre sa libération immédiate. La chaire de littérature africaine de l'université de Bayreuth en Allemagne a décidé, elle, de prendre à sa charge les frais de réimpression de son livre, *La Belle de la République bananière: Chantal Biya, de la rue au Palais*, qui ainsi reparaitra en Allemagne, dans la 'Bayreuth African Studies'.

Le Coliberté remercie tous ceux et toutes celles qui se sont cotisés, ont acheté les t-shirts 'Libérez Bertrand Teyou!' pour permettre une levée de fonds à sa faveur, qui de toutes autres façons ont témoigné leur sympathie pour cet écrivain camerounais emprisonné et se sont investis pour sa libération, tout comme les institutions qui ont œuvré à l'exposé public de son cas. Ainsi ayant mis en branle ce que le ministère public exigeait pour la libération de Bertrand Teyou, nous du Coliberté prenons acte de sa mise en liberté effective. Après tout dans une république, et le Cameroun en est une, tout citoyen est coupable quand un innocent est en prison.

Patrice Nganang (écrivain, State University of New York, Stony Brook)
Brice Nitcheu (conseiller supérieur en investissements, activiste pro-démocrate, Londres)
Jean-Luc Raharimanana (écrivain, Madagascar, Paris, France)
Koulsy Lamko (écrivain, Casa Refugio Hankili Africa, Mexico, Mexique)
Makhily Gassama (ancien ministre et conseiller de Léopold Sédar Senghor, Sénégal)
Nicolas Martin-Granel (enseignant, chercheur, affilié au CNRS, Paris, France)
Kenneth Harrow (professeur distingué de littérature en anglais, Michigan State University, USA)
Susan Arndt (professeur de littérature anglaise et africaine, Université de Bayreuth, Allemagne)
Enoh Meyomesse (écrivain et journaliste, Cameroun)
Joseph Fumtim (écrivain et éditeur, Cameroun)
Jean-Claude Naba (professeur de littérature allemande, éditeur, Université de Ouagadougou, Burkina Faso)
Jombwe Moudiki (juriste, Paris, France)
Gérard Kuissu (assistant aux créateurs d'entreprises, Cameroun)
Daniel Delas (professeur émérite à l'Université de Cergy-Pontoise, France)

Pour leur sécurité, certains membres du Coliberté résidant au Cameroun ont choisi l'anonymat.

Saisir le mal à la racine: Juger Paul Biya

1.

Tribunal Article 53
Tribunal Citoyen Permanent pour Juger Paul Barthelemy Biya'a bi Mvondo (Paul Biya) Pour les Crimes Commis lors de ses Mandats

1. Il est constitué le Tribunal Article 53. Le Tribunal Article 53 est une société civile. La constitution de ce tribunal citoyen s'impose par le vide juridique de fait consacré par l'article 53 de la loi N° 2008/001 du 14 avril 2008 modifiant et complétant certaines dispositions de la loi n° 96/06 du 18 janvier 1996 portant révision de la Constitution camerounaise du 02 juin 1972.

Le Cameroun n'ayant dans les faits, ni Haute Cour de Justice, ni Sénat, et la mise en branle de la justice contre le président de la République du Cameroun étant rendue impossible par le vote de deux chambres dont l'une est fictive, par une majorité requise donc impossible et de fait d'ailleurs trop élevée, l'institution la plus haute de l'Etat, le président de la République du Cameroun, se retrouve ainsi jouissant d'impunité totale au cours de son mandat, situation qui s'étend d'ailleurs à la période après l'expiration de celui-ci, car comme dit le texte de la loi signée par lui-même: 'Les actes accomplis par le président de la République en application des articles 5, 8, 9 et 10 ci-dessus, sont couverts par l'immunité et ne sauraient engager sa responsabilité à l'issue de son mandat.' La conséquence effective de l'article 53 de la loi camerounaise est que l'actuel président du Cameroun s'est en permanence lui-même mis hors-la-loi. Il ne peut cependant pas être laissé en dehors du droit, car il demeure un citoyen.

2. Le Tribunal Article 53 est par conséquent un tribunal citoyen. Son œuvre consiste à faire le travail juridique de collecte et de préparation des données relatives aux crimes de toutes sortes commis par le président Paul Biya pendant l'exercice de ses mandats, pour éventuellement saisir les autorités du droit international compétentes, surtout la Cour pénale internationale, qui a pour mission d'être complémentaire aux juridictions du droit national, et de 'remplir un rôle complémentaire par rapport au tribunaux internationaux quand les institutions judiciaires d'un pays n'ont pas la capacité d'agir, ou quand ces institutions n'ont pas la volonté d'agir.'

Le Cameroun n'est pas un pays signataire du Traité de Rome qui institue la Cour pénale internationale, ce qui renforce *de facto* le vide juridique dans lequel se trouvent ses plus hautes autorités exécutives, et ce qui nécessite la constitution d'un tribunal citoyen permanent pour le Cameroun. En effet, la loi 53 dans sa formulation de 2008, rend incompétente toute institution nationale pour ce qui est du jugement du président de la République camerounaise pendant et après l'exercice de son mandat. Or le président du Cameroun, *de facto* hors-la-loi, se trouve dans une situation où sa liberté d'action, et donc de commettre des crimes bénins ou graves, est accrue par l'impunité totale qui en résulte, au moment où les populations camerounaises sont vulnérables, abandonnées et livrées à toute exaction du tyran. Cette situation est unique dans l'histoire du Cameroun, le président précédent, Ahmadou Ahidjo, ayant été jugé et condamné à mort par les institutions nationales camerounaises en 1984, et n'ayant échappé au verdict de la loi camerounaise qu'à cause de son exil.

3. Le Tribunal Article 53 définit la citoyenneté comme étant internationale. Celle-ci est basée sur le concept du 'n'importe qui'. Donc, peut faire partie de ce tribunal toute personne, quel que soit son sexe, son origine, sa religion, sa nationalité, concernée par l'histoire récente du Cameroun, par l'évolution du droit dans ce pays, et animée par la recherche de la justice et de son application. La participation à ce tribunal est donc sans limitation et est ouverte à tout le monde et ses assises peuvent se dérouler en tout lieu, même si l'idéal serait que celles-ci aient lieu au Cameroun. Les premières assises pourraient se tenir à Washington, DC, (à cause de l'importance de plus en plus grande des Etats-Unis dans la police de la politique mondiale), et en raison de la proximité du siège des Nations Unies où multilatéralisme et défense des peuples en danger rebattent les cartes d'une diplomatie humaniste.

Une protection particulière doit être accordée aux citoyens camerounais, surtout ceux résidant au Cameroun, pour leur permettre de faire leur travail d'assise, d'exposition et de témoignage pour le compte du tribunal. Ici le principe du secret devrait être absolument respecté, car il est la meilleure protection que le Tribunal Article 53 peut accorder aux témoins. Le secret n'est d'ailleurs pas une entorse à la pratique citoyenne, le vote, l'acte citoyen par excellence, étant secret lui aussi. Tout comme le résultat des élections, les archives du Tribunal Article 53 seront rendues publiques immédiatement par les voies de publication livresque, dans les journaux, d'internet et autres, tout comme ses jugements.

4. Les membres du Tribunal Article 53 sont des volontaires. Son organisation n'est pas hiérarchique, et ses jugements sont préparatoires au jugement des autorités compétentes du droit. Il s'agit donc d'un groupe de travail composé de personnalités diverses et aux horizons complémentaires.

La relation du Tribunal Article 53 à la politique est évidente, car il s'agit d'un tribunal citoyen, et vu l'objet de sa constitution, le jugement d'un président en exercice ou après la fin de l'exercice du mandat de celui-ci. Le tribunal lui-même n'est cependant pas politique, issu qu'il est fondamentalement de la société civile nationale et internationale, de la communauté globale donc, dont il est et doit être l'expression. Sa relation au juridique est suggestive car ses décisions ne peuvent pas être exécutoires, mais pourraient constituer un appel de détresse de citoyens mis en danger par une autorité disposant de la force et exerçant une répression illégitime contre sa population.

5. Le Tribunal Article 53 recueille et publie des témoignages. C'est l'histoire des victimes et les témoignages collectés qui, plus que la personnalité des jurés, donneront au Tribunal Article 53 une autorité morale. Le Tribunal Article 53 les collectera par toutes les voies possibles: écrite, livres, articles, orale, vidéo, internet, etc., et constituera ainsi une archive vivante et permanente de tous les crimes commis durant l'exercice des mandats présidentiels de Paul Biya, à partir du 6 novembre 1982. Les textes seront publiés par la maison d'édition Philippe Rey, basée à Paris, sous le titre d'une collection spécialisée dénommée 'Tribunal Article 53'.

Le Tribunal Article 53 est un instrument de vigilance ('watch dog') pour ce qui concerne le Cameroun, et en même temps un outil de dissémination ('echo chamber') par rapport à la sphère internationale. Il peut à cet effet se servir des archives déjà constituées, telles celles d'Amnesty international, l'Observatoire national des droits de l'homme, ACCAT, le Tribunal permanent des peuples, la Commission Européenne des Droits de l'homme, la fondation Lilio Basso, le Brussels Tribunal, la fondation Soros, la Open Society, Frontline Defenders, la Commission des Nations Unies pour les droits de l'homme, et d'autres organisations spécialisées dans le travail des droits de l'homme. A la différence de celles-ci cependant, son travail est de préparation au jugement effectif dans le cadre reconnu du droit international, orienté qu'il est vers la mise en branle de la justice. La durée de ce travail n'est limitée, ni à certains événements, ni au mandat du président lui-même, ni d'ailleurs à celui des membres liés au Tribunal Article 53, car le Tribunal Article 53 est avant tout un tribunal permanent.

6. Les membres du Tribunal Article 53 sont:

Patrice Nganang, Cameroun, écrivain, professeur de théorie littéraire et culturelle, The State University of New York, Stony Brook, USA

Makhily Gassama, Sénégal, critique littéraire, ancien ministre de Léopold Sédar Senghor, Sénégal

Dibussi Tande, Cameroun, journaliste, Chicago, USA

Muepu Muamba, RDC, poète, Frankfort sur le Main, Allemagne

Thomas Deltombe, France, journaliste indépendant et essayiste, Paris, France

Kenneth Harrow, USA, professeur distingué de littératures en anglais, Michigan State University, USA
Alain Ngono, Cameroun, traducteur, ancien leader estudiantin et membre de l'ADDEC, Naibori, Kenya
Eugène Ebodé, Cameroun, écrivain, Montpellier, France
Manuel Domergue, France, journaliste, Paris, France
Marc Pape Adoux, Côte d'ivoire, professeur de sciences politiques, St John Fischer College, USA
Jean-Pierre Karegeye, Rwanda, professeur d'études francophones, Macalester College, USA
François Woukoache, Cameroun, cinéaste, Rwanda
Susan Arndt, Allemagne, professeur de littérature africaine, Université de Bayreuth, Allemagne
Manthia Diawara, Mali, professeur de littérature comparée, New York University, USA
Yves Mintoogue, Cameroun, activiste, ancien leader estudiantin et membre de l'ADDEC, France
Jean de Dieu Momo, Cameroun, avocat, Cameroun
Sebastian Bakare, Zimbabwe, ancien évêque de Harare et du Manyikaland, Zimbabwe

Pour leur sécurité, des membres et collaborateurs du Tribunal Article 53 qui habitent au Cameroun sont maintenus dans l'anonymat.

Contacter:
Webpage: tribunalarticle53.com
E-mail: patrice.nganang@gmail.com
Twitter: @nganang
Facebook: Patrice Nganang
Ou n'importe quel membre du Tribunal Article 53.

2.

Faut-il juger Biya à La Haye?

Le principe de juger l'autorité la plus haute du Cameroun pour les actes posés durant son mandat n'est pas nouveau. Il n'est pas non plus radical, car après tout le président camerounais est un citoyen, et aucun citoyen ne peut échapper à la loi. En plus l'histoire camerounaise fonde ce principe dans la jurisprudence, les ministres et hautes autorités du renouveau étant jugés sous le coup de l'opération épervier et condamnés de manière routinière devant nous tous; Ahmadou Ahidjo, le premier président camerounais, ayant été jugé et condamné par des institutions de notre pays. La condamnation d'André-Marie Mbida, elle, même si elle avait eu lieu en dehors du droit, renforce dans les faits, le principe chez nous du jugement des autorités politiques qui de part en part traverse l'histoire camerounaise.

L'extraordinaire historique c'est donc plutôt l'impunité qui, basée sur l'article 53 nouveau de la Constitution camerounaise, protège l'actuel chef de l'Etat camerounais de la sanction de la loi pour tout acte posé pendant l'exercice de son mandat, et cela, même après l'expiration de celui-ci. Il n'est sans doute pas lieu de spéculer longtemps sur les motivations de cette disposition, fruit qu'elle est clairement d'une lecture craintive de son propre bilan par les grandes ambitions, de la logique judiciaire plutôt implacable de l'histoire camerounaise d'une part, et d'autre part de l'extension de plus en plus large du droit en Afrique et partout ailleurs. Jacques Chirac qui en 2003, au 22eme sommet France-Afrique, avait proclamé la fin 'du temps de l'impunité' en fait lui-même l'expérience au cours de son procès qui a débuté ce 7 mars. Oui, il avait bien raison, l'ancien président français, l'heure où un Idi Amin Dada pouvait passer un exil doré en Arabie saoudite après avoir ensanglanté son pays est de plus en plus loin. Après tout de janvier 1990 à mai 2008, 67 présidents ont été jugés à travers le monde pour des crimes divers, et 15 ont été effectivement condamnés.

Si personne n'oubliera facilement la mort de Samuel Doe, il demeure que le futur de nos présidents quand ils quittent le pouvoir ne navigue plus seulement entre l'exil et le poteau d'exécution. L'actualité de ces derniers vingt ans, c'est donc surtout l'extension certaine du domaine du droit. Et pourtant de ce paradis légal le pouvoir camerounais a peur. Or qui a peur pose souvent des actes extraordinaires. L'extraordinaire de l'article 53 est donc que, inspiré par la peur, Paul Biya, qui en est le bénéficiaire et qui l'a promulgué, se soit mis du coup hors-jeu de toute institution juridique camerounaise, aucune d'elles n'étant dorénavant compétentes pour juger le président de la république du

Cameroun. Le cas de Mamadou Tandja, l'ex-président du Niger qui a purement et simplement été relaxé ce 10 mai après avoir été arrêté en février 2010, est là pour nous montrer le rêve de dictateur que les grandes ambitions ont formaté pour l'après-Biya. Après son arrestation spectaculaire avec cameras et humiliation planétaire, aujourd'hui les juristes devenus plus froids se demandent comment sérieusement juger Laurent Gbagbo quand en Côte d'ivoire comme chez nous, la Haute Cour de Justice qui a compétence pour juger le président de la République dans les faits n'existe pas, et lorsque leur Assemblée nationale qui est le berceau de sa constitution a été juridiquement invalidée depuis le 16 décembre 2005.

De toute évidence, l'Afrique traverse une transition juridique. C'est déjà un acquis que pas à pas elle sorte des ténèbres des années 1960 et 70, avec ses procès politiques, ces tribunaux militaires, d'exception et ses pelotons d'exécution pour présidents déchus. Croisons nos doigts, et souhaitons que cet enfer de l'illégalité soit enfin derrière nous. Le problème cependant? Les pouvoirs politiques qui plus que quiconque, se servent de la loi pour opprimer les citoyens, ne trouvent pas encore qu'il soit aussi de leur intérêt à se mettre sous son parapluie protecteur. Ainsi Paul Biya qui le 27 février 2008 déclarait que 'tous les moyens légaux dont dispose le gouvernement seront mis en œuvre pour que force reste à la loi', n'a-t-il pas moins promulgué le 14 avril 2008, l'article 53 de la constitution qui le met lui-même *de facto* hors-la-loi. Pas étonnant donc que le Cameroun des grandes ambitions n'ait pas encore non plus signé le Traité de Rome qui institue la Cour Pénale Internationale!

La mise hors-jeu de toutes les institutions camerounaises du droit par l'article 53, pour ce qui concerne le jugement du président de la république du Cameroun, ouvre comme seule voie restante sérieuse, le jugement fondé sur les institutions internationales, et tout d'abord sur celles de l'Union africaine. Or le procès Hissène Habré organisé par l'UA et hébergé par le Sénégal, montre le cul de sac que cette voie est. C'est que voilà, mandaté depuis 2006, l'année de l'arrestation de Charles Taylor, et le dossier préparatif bouclé, le Sénégal n'a pas encore débuté le procès de l'ex-président tchadien pour des raisons de manque de fonds. Tant que le gouvernement du Tchad ne passe pas à la caisse de la BCEAO déposer les 18,75 milliards de Francs CFA nécessaires, les victimes d'Hissène Habré pourront attendre et leur soif de justice languir. Allez donc expliquer à la population d'un village comme Koro Toro au nord du Tchad qui manque d'eau et d'électricité que l'aussi chère justice aux morts vieux de plus de vingt ans est prioritaire sur leur misère quotidienne!

Mais pourtant: juger nos chefs d'Etat, est-ce vraiment un problème de liquidités seulement? Il est vrai que quiconque s'attendait de voir un ancien président africain être jugé par un tribunal africain créé sous les auspices de l'Union africaine, une institution fondée par ses paires africains, serait politiquement bien naïf. '*Nous, nous attendons simplement que le budget soit en place pour démarrer le projet',* certifie certes Demba Kandji, directeur des Affaires criminelles et des grâces au ministère sénégalais de la Justice. En attendant ce pactole, le dossier du procès Hissène Habré est bel et bien clos, tandis que le dictateur à juger éclate de rire dans le salon sénégalais de son exil. Bel échappatoire à lui donné par l'organisation panafricaine, mais qui en fait est un renvoi effectif de l'ascenseur à ce lieu lointain mais si proche de nous, la Cour Pénale Internationale, où des dossiers de cette envergure sont traités.

Pour ce qui est de notre pays, devant l'effective incompétence des institutions juridiques nationales, et devant le ponce-pilatisme cynique et intéressé des institutions panafricaines, la question qui devient de plus en plus br*û*lante est celle-ci: Faut-il juger Paul Biya à La Haye? Allons-nous donc, nous Camerounais, avaler notre dignité nationale et accepter que le président de notre pays joigne les rangs de ces dignitaires africains qui de plus en plus sont les seuls à être jugés par la CPI? L'extraordinaire de l'article 53 est qu'en le promulguant jadis, le président du Cameroun ne se soit dans les faits plus laissé que le tribunal militaire comme possible instance de comparution, avec ce que celui-ci comporte comme possibilités graves de non-droit. Quel pas en arrière sur les acquis juridiques de notre temps! Voilà pourquoi il est un devoir de mettre en œuvre tous les moyens légaux dont dispose le citoyen camerounais – et le Tribunal Article 53 est de ceux-là – afin que pour la plus haute autorité de notre pays, force reste au droit. Car après tout, l'impunité présidentielle viole le droit de tout citoyen à qui mal a été fait, d'avoir un procès en due forme.

(2011)

Un dernier mot

Encore un mot, et que commence la bataille pour le Cameroun!

Allons chers amis, le temps de l'analyse est passé; que commence celui de l'action. C'est le matin de notre futur, car c'est bien de la bataille pour le futur de notre pays qu'il s'agit! Il y en a qui diront que Paul Biya, 80 ans, 29 ans de règne, mérite d'être pour 7 ans encore le président du Cameroun. Ils nous diront, ces gens-là, que notre pays dont la majorité de la population a moins de 30 ans, dont l'espérance de vie est de 52 ans, doit pour 7 ans encore subir les ambitions finies d'un homme grabataire. Ils nous diront que le Cameroun ne peut, et ne pourra jamais avoir d'autre président que Biya. Que personne d'autre que lui ne peut mieux fabriquer notre destin, ils diront. Que sans Biya, le Cameroun sombrera dans le chaos! Que sans lui le Cameroun plongera dans la guerre civile! Que sans lui les Camerounais deviendront des nyamangolo; marcheront à quatre pattes!

Ah, que ne diront-ils pas? Nous savons cependant; oui, nous le savons: qu'aucun pays n'échappe à l'histoire, et qu'aucun individu ne peut dribbler la biologie. Nous savons, oui, nous le savons: que le futur du Cameroun se fera sans Biya. Mais nous savons aussi que ce futur-là se fera avec toi, grâce à toi, jeune manifestant, car en réalité, le futur du Cameroun, c'est toi. S'il est impossible d'échapper au futur, autant hâter son avenir: Biya doit partir! Ne croyons pas que cette fois le vieil assassin partira sans dégâts: vingt-neuf ans nous ont montré que sa violence collatérale n'épargne ni les fœtus, ni les enfants, ni ses ministres dont nombreux sont à Kondengui, ni d'ailleurs les officiers de sa propre garde rapprochée (Gp) dont un nous dit-on, s'est suicidé en se tirant de multiples balles dans la tête! Qu'est-ce que ce régime ne fera pas pour se maintenir au pouvoir?

1. **Biya et ses sbires utiliseront le racisme**, nous le savons: ils diront, sans blague!, que nous Camerounais, ne sommes pas comme les Arabes. Oui, ils diront que bien que nous soyons des Africains, notre pays n'est ni la Tunisie, ni l'Egypte, ni la Lybie, ni le Maroc, ni l'Algérie; que donc, nous les Noirs ne sommes pas capables de le chasser du pouvoir, lui Biya. Ils diront que les gens de la forêt acceptent la dictature, et que le pouvoir bantou est différent de celui qui s'est bâti au Maghreb. Que le chef noir ne peut pas être contesté, ils diront, et que donc le pouvoir que Biya a reçu en 1982 sans effort particulier après la démission d'Ahidjo, lui vient aujourd'hui de Dieu!

2. **Ils utiliseront le tribalisme**: ils diront, sans blague!, que ce sont les bamiléké, les anglophones, les bassa, les nordistes, les douala, et qui d'autre?, qui veulent prendre le pouvoir! Ils diront que 'le pays organisateur doit se défendre'.

Ils lanceront des appels à la haine, et organiseront des marches d'intimidation. Ils essayeront de monter une partie du Cameroun contre une autre, de tourner les ethnies les unes contre les autres, comme ils l'ont fait en 1994. Et même, oui, comme jadis, ils diront que 'les gens de telle ou telle ethnie ne peuvent pas devenir présidents du Cameroun'! Comme en 1990, ils diront que ce ne sont pas des Camerounais qui veulent le départ de Biya, mais 'les gens de la Diaspora', 'les Nigérians.' Ah, que ne diront-ils pas!

3. **Ils utiliseront l'injure**: ils nous diront 'casseurs', 'vandales', 'bandits', 'aigris', 'pyromanes', 'va-nu-pieds' et que sait-on encore. Ils essayeront de nous présenter comme des ratés de la République, des sans avenir. Ils voudront ainsi nous séparer du Cameroun, faire de nous des orphelins de la nation. Pourtant n'oublions jamais, chers amis, que le Cameroun c'est nous! Nous n'avons pas seulement avec nous le futur, nous avons aussi le nombre de notre côté, car nous sommes la majorité de la population de notre pays. Même le passé est à notre avantage, car étudiant ou soldat, sauveteur ou benskinneur, chômeur ou jeune fonctionnaire, nous sommes à majorité âgés de moins de 30 ans: nous n'avons donc pas connu l'esclavage comme nos arrière grands-pères; nous n'avons pas non plus été des indigènes comme nos parents et comme Biya d'ailleurs, né que nous sommes dans un Cameroun indépendant.

4. **Ils utiliseront la violence** contre nous et cyniques, nous accuseront d'actes violents, de constituer des milices, de préparer la guerre. Chers amis: serons-nous surpris? Non! Nous savons qu'un régime qui recourt à la violence contre des citoyens non armés est un régime impuissant. Nous savons qu'un président qui tire sur des citoyens à quelques mois des élections présidentielles est cuit. Montrons à Biya qu'il s'est trompé de pays! Montrons-lui que nous Camerounais descendons d'hommes et de femmes courageux! Qu'en 1940 nos grands-pères avaient traversé le désert pour de Birk Harkeim à Koufra, de Strasbourg à Paris, aller libérer la France occupée par les nazis; qu'en 1950 nos parents s'étaient battus pour libérer notre pays du joug colonial! Bèbèla, montrons-lui que nous ne sommes pas des esclaves, mais des citoyens! Tous, allons cueillir Biya comme une mangue!